Single-Session
Integrated CBT
Distinctive Features

ウィンディ・ドライデン 著
毛利伊吹 訳

CBTによる
シングル・セッション・
セラピー入門

ちとせプレス

# CBT によるシングル・セッション・セラピー入門

　本書において，ウィンディ・ドライデンは，長年にわたるシングル・セッション統合的療法の研究を取り上げ，その考えを CBT（認知行動療法）の分野で適切に応用している。

　全面的に改訂されたこの新版では，シングル・セッションの考え方について新たな章が設けられた。この本では，セラピーは継続的なプロセスであるという考えに基づいて行われてきた，セラピストのトレーニングの一般的なやり方に疑問を投げかけている。シングル・セッション CBT の利点を一般の人や専門家に伝えるため，自身の幅広い仕事に基づいて，ドライデンは，セラピーやコーチングの分野におけるワークのためにシングル・セッション・アプローチを開発した。本書は，理論と実践の 2 つのパートに分かれており，30 の重要なポイントを取り上げ，CBT によるシングル・セッション・セラピー（single-session integrated CBT: SSI-CBT）のおもな特徴を簡潔に網羅している。

　本書は，学生や経験のある CBT の実践家だけでなく，この新しく刺激的なアプローチの理論的，そして実践的特徴に関する入門書を求めている他のオリエンテーションの実践家にとっても必須である。

　**ウィンディ・ドライデン，Ph. D.**：ロンドン大学ゴールドスミス校心理療法研究名誉教授。彼は論理情動行動療法の国際的権威であり，非常勤で臨床実践やコンサルテーションを行っている。45 年以上にわたって心理療法に携わり，250 冊以上の本の執筆や編集に関わってきた。

# 目　次

# 第Ⅱ部　実践

# イントロダクション

このイントロダクションでは，シングル・セッション・セラピー（single-session therapy: SST）を最近の歴史の中に位置づけ，そして，なぜ私がこの療法に興味をもつようになり，CBT によるシングル・セッション・セラピー（SSI-CBT）を開発したのかについて概説する。

## シングル・セッション・セラピー──近年の動向

SST は，モーシイ・タルモン（Talmon, 1990）によるこのテーマの代表的な著作以降に発展し，関連文献は増えており，本書もその 1 つである。シングル・セッションのワークと（このワークの多くが行われている）ウォークイン・クリニック（walk-in clinic）に関する最近の 3 回の学会のうち，2 回（2012 年と 2019 年）がオーストラリアで，1 回（2015 年）がカナダで開催された。これはこのワークが国際的に関心を集めている証拠である（Hoyt, Bobele, Slive, Young & Talmon, 2018; Hoyt & Talmon, 2014a; Hoyt, Young & Rycroft, 2021 参照）。

最近まで，セラピーは継続的なプロセスであり，1，2 回しかセッションに来ないクライエントをプロセスからの「ドロップアウト」だと見なす考え方に基づいて，セラピストのトレーニングは行われていた。SST の分野は，一貫してこの考え方に疑問を投げかけてきた。たとえば，タルモン（Talmon, 1990）は，セッションに 1 回だけ参加した 200 人の患者を対象として行った，非公式の後ろ向き研究〔訳注：ここでは，結果的に 1 回だけセッションに参加していた人を対象としている〕を報告している。この群の 78％がセラピーを受け

て自分の望むものを得たと答え，10％だけがセラピストやセラピーの結果について，好ましくなかったと答えたことを彼は明らかにした。その後，ホイト，タルモン，ローゼンバウム（Hoyt, Talmon & Rosenbaum, 1990）は，60人のクライエントを対象に，シングル・セッション・セラピーに関する前向き研究〔訳注：ここでは，前もって計画されたシングル・セッション・セラピーに参加した人を対象としている〕を計画的に実施し，そのうち58人がフォローアップの対象となった。その58人のうち，34人はそれ以上のセラピーを必要とせず，88％が「非常に改善した」または「改善した」と考えており，79％が自分にはSSTで十分だと考えていた。この研究によって，セラピーに1回だけしか参加しない人を「ドロップアウト」だと見なす考え方に，問題のある可能性が示唆された。私は，少し皮肉を込めて，セラピーからの「ドロップアウト」の新しい定義を提案した。「セラピーからのドロップアウトとは，そうすべきだとセラピストが考える前に，セラピーから去っていく人のことである」と。1回のセッションで生産的なワークが可能であることが受け入れられると，SSTを設計するというアイデアを多くの人が模索し始め，それは治療環境やオリエンテーションの違いによって異なる展開となった。

　治療環境については，前述の通り，多くのSSTがウォークイン・サービス（ドロップイン・センターと呼ばれることもある）[注1]で行われている。これらはおもに，必要なときに話したい，また，継続的なサービスの利用を負担に感じる人が利用している。このようなクライエントの中には再び利用する人もいるが，こういったサービスにおける職員は，そのクライエントとは一度きりだと想定して，それに応じたワークを設計している。別の治療環境であるライブまたはオンラインにおいて，聴衆の前で治療の実演を行ったり，DVDに

収録したりすることがあるが，セラピストもクライエントも二度と会わないとわかっているので，基本的には1回のセッションだといえる。このようなセッションでも多くの生産的なワークを行うことができ，こういったデモンストレーションで行われたワークは，より正式なSSTに有益な情報を与えると私は考えている（Dryden, 2018, 2019, 2021a, 2021b）。

　治療のオリエンテーションについていえば，問題解決やクライエントの弱みへの取り組みよりも，解決策の構築やクライエントの強みの活用を重視するソリューション・フォーカスト・セラピー（SFT）の理論家や実践家が，SSTに魅力を感じるのは当然かもしれない。しかし，CBTをはじめ，他のさまざまな治療アプローチがSSTに広く関心を示してきた。エストはCBTの視点から，さまざまな単一恐怖を治療するための効果的なシングル・セッションのアプローチを開発したが，このアプローチは，患者の不安の程度が明らかに低下するまで，恐れている状況にとどまる必要があるという考えを前提としている（Davis III, Ollendick & Öst, 2012 参照）。このやり方では，1回のセッションの治療時間が50分よりかなり長引くことが珍しくなかった。このように，このアプローチは認知行動療法的であり，恐れている対象を患者が直接体験することをとても重視している。この体験の重視は，パニック障害の標準治療プロトコル（Salkovskis, Clark, Hackmann, Wells & Gelder, 1999 参照）を修正してアンジェラ・ライネッケ（たとえば Reinecke, Waldenmaier, Cooper & Harmer, 2013）が始めた別のCBTシングル・セッションの治療アプローチの特徴にとてもよく似ている。パニック障害のCBTモデルと安全確保行動（safety-seeking behaviour）の役割，そしてそのような行動をとらずに恐れている状況に曝露する重要性を説明した後，患者には関連する状況で，すぐにこれを実践する機会が与えられた。このシン

グル・セッションの治療から，非常に有望な結果が得られている。このように，セッションにおける解決策のリハーサルを重視することが，シングル・セッション・ワークの特徴である（Dryden, 2021c）。

## シングル・セッション・セラピー — これまでの私の歩み

　CBT によるシングル・セッション・セラピー（SSI-CBT）の開発に対する私の興味は，関連する多くの資料によって生まれた。1970年代に訓練を受けた多くのカウンセラーと同様，『グロリアと 3 人のセラピスト』の映画を見ることはまるで義務のようだった。この映画では，3 人のセラピストがグロリアというクライエントと面接を行い，自分たちの治療アプローチを実演していた。この一連の映画で注目すべき点は，それぞれのセラピストが，彼らが実演する治療アプローチの創始者であるということだ。つまり，カール・ロジャーズ（現在，パーソンセンタード・セラピーとして知られている療法の創始者），フリッツ・パール（ゲシュタルト療法の創始者），アルバート・エリス（現在，論理情動行動療法として知られている療法の創始者）である。

　当時は知らなかったが，グロリアはどのセラピストともそれ以上のセッションを行わなかったので，これらの面接は本来，シングル・セッション・セラピーの例といえる[注2]。「キャシー」と「リチャード」と呼ばれるクライエントを扱ったこのような映画がさらに 2 シリーズあり，グロリアの映画ほどこの分野へのインパクトはなかったものの，認知行動療法を代表する臨床家が，1 回のセッションで何ができるかを私に教えてくれた。アーノルド・ラザルス（CBT に基づくアプローチであるマルチモーダル・セラピーの創始者），アーロン・T. ベック（認知療法の創始者），ドナルド・マイケンバウム

（認知行動変容〔Cognitive Behaviour Modification〕の代表的提唱者）はみな，それぞれのクライエントと実施した1回のセッションで効果的にワークを行っていた。私がシングル・セッションのワークに興味をもつようになったもう1つの大きなきっかけは，有名なフライデーナイト・ワークショップでアルバート・エリスが行ったライブセッションである[注3]。このワークショップは，アルバート・エリスが自分のニューヨークの研究所にいた時期，毎週金曜の夜に，彼がある特定の感情の問題を抱える2人と行った面接である。それぞれの面接後，エリスとボランティアは，聴衆であるメンバーからの質問に答えたが，聴衆の観察は適切なことが多かった[注4]。エリスと，後に彼の妻になるデビー・ジョフィが行った研究によって，ボランティアは，エリスとの1回の短いセッションからしばしば十分な助けを得ていることが示された。また，ほとんどのボランティアは，聴衆であるメンバーからの提案も役に立ったと考えていた（Ellis & Joffe, 2002）。エリスはさらに，聴衆もこれらのセッションを見たり聞いたりすることが助けになったと述べているが，これについては調べられていない。

　フライデーナイト・ワークショップに興味をもった私は，エリスの生前も死後も，何度もアルバート・エリス研究所を訪れ，これらのワークショップのセラピストを務めた[注5]。この経験から，自分がシングル・セッションという形式にとても魅力を感じていると気づいた。クライエントや聴衆からの非公式のフィードバックによると，私のワークは評価されていた。この後私は，クライエントと私が1回だけのセッションを行うシングル・セッション・セラピーの実践を，対面やオンラインの聴衆の前で行ってきた。このようなことを，さまざまな場所や国で実施した。

　このように，私があるテーマでワークショップを行うときはいつ

も，そこで検討するテーマに関する問題を抱えている1人または複数のボランティアに対して，どう私が治療的に働きかけるかを実演する。また，より一般的なワークショップを行う場合には，ボランティアに前に出てもらい，その人たちが選んだ問題について話し合う。形式はおおむね同じであり，フライデーナイト・ワークショップの形式から派生したもので，面接に続いて，聴衆のメンバーが意見や質問をセラピストである私やクライエントに対して投げかける。さらに，私は2つのことを行う。まず，面接をデジタル録音し，そのコピーをクライエントに渡す[注6]。次に，希望があれば録音したものを文字に起こし，クライエントに提供する。私はこの両方のコピーを保管して，セルフスーパービジョンの手段としてどちらも参考にしている。私は，デジタル音声録音（DVR）と逐語記録の双方を考案し，本書で説明するCBTによるシングル・セッション・セラピー（SSI-CBT）のアプローチに組み込んでいる。

先ほど私は，グロリア，キャシー，リチャードの3部作の映画に影響を受けたと述べたが，そこでは一流のセラピストがCBTやCBT以外のワークを実演していた。その後，私は自分が興味をもっている先延ばしや罪悪感といった問題を抱えたボランティアのクライエントに対して，私自身がセラピーを行う様子をいくつかDVDにしてきた。これらのライブや録画されたシングル・セッションの様子はすべて，長年にわたって私のアプローチを改良するのに役立ち，SSI-CBTの開発へと実を結んだ。

ここまでは，SSTに関する私の考え方に影響を与えた実践を中心に述べてきた。さらに，私の考え方は，日々の実践で起きた出来事によって形成された。まず，SSTに携わる多くの人と同様，長年にわたり私は，最初のセッションの終わりに予約を入れたけれど，考えてみると最初のセッションだけで十分でしたと言って，後でキ

ャンセルする人の数にショックを受けてきた。タルモン（Talmon, 1990）が行ったように包括的に，自分の担当したケースから個別に聞き取ったわけではないが，戻らなかった理由を挙げた人は，最初のセッションが，次のような点で役に立ったと述べている。つまり，広い視野で物事を捉えること，問題やそれに関連する要因について別の考え方をすること，関わっている問題に自分が思っていたよりも対処できると気づくこと，である。認知行動モデルになじんでいる人にとってこれらは，条件さえ整えば何がすぐにできるのかを示している。

　第2に，セラピーをごく短期間利用する人もいる一方で，長期間にわたりさまざまな時点で利用する人もいることに長年かけて気づいた。つまり，多くのクライエントが1，2回のセッションを受けて，その後やめて，長い時間が経ってから別の問題を話し合うために戻ってきて，またごく短期間だけこれを行う，というのを見てきた。このような人たちは，ライフサイクルのさまざまな時点で，非常に短い介入から利益を得ているようであった。このような人々の治療上のニーズに対応するために，私は自分の実践を修正する必要があった。私は，継続的なセラピーというプロクルステスのベッド〔訳注：既存の基準に合わせるように強制すること〕にその人たちを合わせるよりも，そうすることを受け入れた。

　そのような人たちを引き受けると，結果的に，1回だけのセッションで会うというさまざまなパターンが生じた。つまり，それ以上のセッションを希望しないので，私に1回だけ会うことを望む人がいる。また，セラピーを受けている人の中には，自分の状況についてセカンドオピニオンを求めてきたり，セラピストに勧められてそのような意見を求めて来る人もいた。さらに，CBTについて聞いたことがある人は，より長い治療のコース（必ずしも私との治療でな

くても）を受ける前に試してみたいと考え，1回だけの「お試し」セッションを受けることを希望した。私は，これらすべての要望に喜んで応えてきたので，それに応じて自分の実践を修正しなければならなかった。

このイントロダクションでは，SST の歴史的背景を簡単に説明し，私が何に影響されてこの分野に関心をもつようになったのかを述べ，最終的に，CBT によるシングル・セッション・セラピー（SSI-CBT）と呼ばれるアプローチの開発に至ったことを述べた。本書の第Ⅰ部で，まず，その理論的枠組みを説明し，第Ⅱ部では，その実践について考える。

**注釈**

1　英国のドロップイン・センターは，精神的健康の増進を目的とした施設で，一般的に訪問して利用できる。訪れた人は出迎えを受けて，施設を見てまわったり資料を調べたりするように勧められるが，相談を望むのなら，それに役立つようなサービスを「案内」してもらえる。このような「ドロップイン」サービスでは，セラピーは行われないことが多い。これに対して，オーストラリア，カナダ，アメリカでは，ウォークイン・センターで，その人が抱えている問題に関してすぐセラピーを受けることができる。

2　しかし，グロリアは，カール・ロジャーズとのセッション後に，彼と文通を行っていた（Burry, 2008）。

3　当初，臨床的な問題ではなく，日常の問題に対して支援が提供されるという意味合いを伝えるために，「生活上の問題」と銘打って開催されていた。

4　観察があまり適切ではないときもある！

5　エリスが亡くなってからも，REBT のシングル・セッションを一般の聴衆の前で行う伝統は，「フライデーナイト・ライブ」という新しい名称のもとで継続されている。トレーニングを積み経験を有する多くの REBT の実践家が交代で，このイベントでのセラピストとして活躍している。これは，Covid-19 の流行下でも続けられてきた。

6　セッションのデジタル音声録音（DVR）を入手するためには，電子メールで私にコピーを希望する必要がある。そうすると，私はクラウドサービス

を通じてそのコピーを送り，クライエントにダウンロードのリンクを提供する。このような録音は，メールに添付して送るには容量が大きすぎるからである。

# 理　論

# *Theory*

# CBT によるシングル・セッション・セラピー（SSI-CBT）

## その内容と基本的前提

　私は，おもに「イントロダクション」で述べたような経験から培った自分のやり方を形にして，認知行動療法のアプローチをシングル・セッション・セラピーへと発展させた。しかし私は，他のCBTのセラピストがその人なりのやり方でシングル・セッション・セラピーを行うときに使えるような枠組みの概要を示したいとも思っていた。本書では，その一般的な枠組みについて論じながら，私自身のアプローチにおける要点を解説する。一般的な枠組みを説明するときには，SSI-CBTと呼び，私自身のアプローチを説明するときには，SSI-CBT（WD）と呼ぶことにする。私のおもな目的は，SSI-CBTに焦点を当てることだが，その例の多くをSSI-CBT（WD）から示す。

　シングル・セッションのアプローチを使おうとするCBTのセラピストは，当然，その人独自のフォーマットを開発すると思うが，現時点での私のフォーマットは次の通りである。

・ある人が私に連絡をとって，シングル・セッション・セラピーを明確に依頼するか，あるいは，ある人が私に連絡をとり，提供するサービスを私が説明した後でその人がSSTを選択する。

・シングル・セッションのために会う日を決めたら，その人にセ

ッション前の準備用の質問票を送り，セッション前に記入して返送してもらう。これは，その人がセッションから最大限のものを得られるようにするためである。以前はこれを電話で行っていたが，時間的に効率が悪く，やりとりのコストがかかるため，現在では行っていない。

・セッションを行う。
・クライエントと私とが合意したときにフォローアップを行う。

SST は，1 回だけのセッションのこともあるが（「イントロダクション」を参照），通常，次のように考えられている。

> セラピストとクライエントは意識的に努力を行い，セッションで得たものをクライエントが持ち帰れるようにセラピストは手助けする。また，必要があればクライエントはその後も支援を利用できる。

このように，どの時点でも，その人がさらにセラピーを必要とすることが明らかになれば，セラピストであるあなたは[注1]それを提供できる。もし，あなたがシングル・セッションをもう一度，あるいは繰り返し提供する場合，これは「1 回完結型」セラピー（One-At-A-Time Therapy; OAATT）（Hoyt, 2011）と見なされるかもしれないし，SST の分野では，これを SST と同義だと見なす人もいる。しかし，あなたとクライエントが，まとまった回数のセッションのセラピーや継続的なセラピーを行うことに合意した場合，その時点ですでに，そのワークをシングル・セッション・セラピーとは見なさない。

# SSI-CBT とは何か？

CBT によるシングル・セッション・セラピー（SSI-CBT）を，一言ではどう言えるのか？　私は，このアプローチの特徴を次のように考えている。

- （第一世代から第三世代までの）幅広い CBT を基礎とする SST についての捉え方である。私の考えでは，CBT は 1 つのアプローチではなく流派（tradition）があり，SSI-CBT はさまざまな CBT のやり方を用いる
- SSI-CBT は，CBT 以外の関連するワークも参考にしている。つまり，私が SSI-CBT（WD）と呼ぶシングル・セッション・セラピーへのアプローチは，以下の影響を受けている
  - タルモン（Talmon, 1990）を含む，シングル・セッションの主要なセラピストの仕事
  - ソリューション・フォーカスト・セラピー（たとえば Ratner, George & Iveson, 2012）
  - 多元的療法（pluralistic therapy）（Cooper & McLeod, 2011）
  - 変形的な椅子のワーク（transformational chairwork）（Kellogg, 2015）
  - 強みに基づくアプローチ（strengths-based approach）（Duncan, Miller & Sparks, 2004）
- 行動や学んだことの実践を重視する
- 異なる意識のレベルにおいて，いくつかの形式（言葉やイメージ）で表されるさまざまな認知（たとえば推論，態度／信念／スキーマ）の影響を認めている

- 感情の影響の大切さを強調する
- クライエントが新しい視点を記憶に残る形で持ち帰り，適切な場面で使えることを重視する
- シングル・セッションのワークに対する唯一のアプローチではなく，マニュアル通りのやり方でもない。その代わりに，セラピストは，それぞれの出会いを再現不可能な出来事として捉え，決まったやり方で扱われる診断名のついた人ではなく，かけがえのない1人の人としてクライエントに接することが推奨される

## 重要な注意点

　特定の問題を解決したりそれに対処したりするためではなく，シングル・セッション・セラピーを利用する場合のあることを，指摘しておきたいと思う。その代わりに，問題を探索したり，胸の内を打ち明けたりするために話したい場合がある。これも，シングル・セッションの正しい使い方だ。SST の実践家（SSI-CBT のセラピストを含む）は，このような場合，クライエントを力づけるために，援助の姿勢を示す必要がある。しかしその際，セラピストは SSI-CBT のセラピストとしてのスキルを活用する必要はないので，これは本書の範囲外となる。これは，クライエントが問題を探索したり，感情を表現するのを手助けすることには価値がないという意味ではない。むしろその逆だ。そうすることによって，クライエント自身が助けてほしい思うやり方で支援できるという点で有益である。この点を踏まえて，本書では，クライエントが特定の問題を解決したい，行き詰まりを解消したい，決断したい，ジレンマを解消したいなど，ワークのための特定の焦点のある状況を取り上げる。このような場合，クライエントが助けを求めている問題を支援するために，SSI-

CBT をどのように使えるのかについて説明する。

# SSI-CBT の基本的な前提

　一般的な SSI-CBT アプローチと私個人の SSI-CBT（WD）アプローチは両方とも，いくつかの理論的前提に支えられており，このワークのやり方の基礎を理解するために，それを明確にしておく必要がある。

## これが最後なのかもしれない
　どのような SST でも重要になる前提は，クライエントとの時間が，これが「最後」になるかもしれないということである。そこで，双方ともこの点を理解し，この時間を最大限に活用するために決められたワークを行う必要がある。

## すべてがそろっている
　SSI-CBT を劇にたとえるなら，あなたとクライエントは 2 人の主人公であり，文脈は何に焦点を当てて行動するのかを決めるうえで重要な役割を果たす。この 3 つの要素は，両者がプロセスから最大限のものを引き出すために欠かせない。つまり SSI-CBT には，「すべてがそろっている」ということである。

## 「今ここ」と「未来」の両方に焦点を当てる
　CBT がシングル・セッション・セラピーと相性の良いアプローチである理由は，現在に中心を置き，そして，未来を志向して焦点を当てるからである。SSI-CBT のセラピストとしてあなたが，クライエントの過去について質問するのは，その人が試してみて効果が

なかったこと（その場合は，今後，そこから距離を置くようにクライエントに勧めるだろう），そして，その人が行ってみて役に立ったこと（その場合は，今後，それを活かすようにクライエントに勧めるだろう）を知るためかもしれない。しかし，一般的には，その人が助けを求めている現在の問題は何か，そして，1回のセッションというワークの性質上，その人が実行可能で現実的な目標として受け入れるものは何かを見つけようとする。

## セラピーは最初にコンタクトする前に始まり，最後にコンタクトした後も長く続く

SSI-CBT は非常に短いものであり，治療の可能性のすべてはセラピストとクライエントのコンタクトによって実現されると思われがちである。そうではなくて，SSI-CBT のセラピストとして，セラピー以外の変数の治療的価値を正しく理解することが重要である。たとえば，自分の問題に取り組もうと決断するだけで，治療の強い助けとなることがあり，そう決断したことで，他の人への接触も可能になる。

レナードは，いくつかの喪失を経験し，しばらくの間，感情的な「行き詰まり」を感じていた。彼は私に 1 回のセッションを求め，セッションに向けた彼の準備を手助けするために，私のやり方であるセッション前の質問票（表 19.1 参照）を送った。セッション前日の晩，レナードは何人かの友人と Zoom で，これらの喪失の後に自分がどう感じたのかを話した。友人たちはみな，喪失を経験した後に同じような感情を抱いたことがあると言い，それはレナードが自分の感情をいくらか「普通に戻す」のを助け，その結果，セッションを受ける前だったが，レ

ナードにはこれまでよりずっと行き詰まった感じがなくなり始
めていた。

## セラピーはその人のライフサイクル全般において存在する ── その場限りのものではない

　私たちは一生を通して，体の具合が悪くなったら，まず最初にかかりつけ医に相談し，よほど深刻でない限り，その問題に対処してもらい，深刻な場合はさらに検査を受けるため，他に紹介されるだろう。しかし，このようにライフサイクルの中で必要に応じてセラピストに相談するというモデルは，懐疑的に見られている。しかし，SST のセラピストは一般的にこのように相談を受けることに抵抗はなく，SST の枠組みの中で，できるだけ速やかにその人を支援するように努める。

## ゼロから始めるのではなく，あるものを利用する

　クライエントは一般的に，SSI-CBT に来るときには，問題を解決するためにさまざまなことを試してきた経歴がある。よって SSTでは，ゼロから始めるのではなく，クライエントが問題解決のためにすでに試したことをもとに行うことを前提としていて，うまくいかなかった方略の使用をやめ，何か利益を得られた方法を採用し，それを発展させるように促す。

## クライエントに最も助けになるのは，セッションから意味のあるものを 1 つ持ち帰ることであり，持ち帰るものが多すぎることではない

　シングル・セッションの枠組みの中で仕事をしていると，クライエントがそのプロセスから最大限のものを得られるように，できるだけ多くを持ち帰ってほしいと思いたくなる。私はこれを「ユダヤ

の母」症候群と呼んでいる。これは，典型的なユダヤの母親は，帰ってきた金遣いの荒い子どもが出されたもの（通常，かなりの量）を食べつくし，さらに「後で食べなさい！」と食べ物を持たせて見送ったときにだけ満足する，という考え方を指している。消化の良い食事は，満腹で帰るよりも満足感があるのと同じように，シングル・セッション・セラピーのクライエントが，治療の重要なポイントや原理，方法を1つでも消化してプロセスを終える方が，そのようなポイントや原理，方法を過剰に身につけても，どれ1つとして消化していない人よりも，一般的にそのプロセスから得るものが多いだろう。したがって，SSI-CBTのクライエントには，状況に合うものを身につけてもらうことを目的とし，台所のシンクに至るまですべて与えたいという衝動に駆られないように注意が必要である。

### セラピーはクライエントに焦点を当ててクライエント主導で行う

　他のSSTのアプローチと同様に，SSI-CBTは，クライエントがセッションに持ち込む問題と，その問題に関してクライエントがセッションから何を持ち帰りたいのかに焦点を当てる。クライエントが悩んでいることについて，セラピストであるあなたはクライエントとは別の考えをもつかもしれない。その場合は，ぜひ自分の考えをクライエントに伝えてほしい。しかし，クライエントがそれを受け入れることも，拒否することもできるような方法で行うことが大切だ。すべてのセラピーで考えの共有は重要だが（3章参照），理想的には，あなたではなく，クライエントが自分で重要だと決めたことに焦点を当てるのに満足を感じることである。

### 力はクライエントにある

　SSI-CBTでは，短期間に巧みに介入を行うように，多くのことが

あなたに求められるが，このアプローチを機能させる本当の力は，クライエントにある。SSI-CBT のセラピストとして効果的であるためには，この点を常に念頭に置く必要がある。これを実行する最もよい方法の1つは，クライエントの強みを特定し，SST のプロセスやその後において，それを使うように促すことだ。しかし，あなたはセラピストとして大切な手助けをしているのであり，あなたの本当のスキルは，クライエントがあなたの手助けを利用して，自分の強みを活かせるようになることである。

## 変化を期待する

　教育領域では，「ピグマリオン効果」と呼ばれる原則がある。これは，生徒への期待が大きい教師は，あまり期待しない教師よりも得るものが多いということである（Rosenthal & Jacobson, 1968）。そこで，SSI-CBT では，変化を期待して取り組み，この期待をクライエントに伝える。

## 複雑な問題が必ずしも複雑な解決策を必要とするわけではない

　複雑な問題を抱えるクライエントが SSI-CBT を希望した場合，従来の臨床的な考え方では，この形式でのサービスの提供はその人には適さないと結論づけられるかもしれない。しかし，SSI-CBT のセラピストとして，あなたはこのようには考えないだろう。そうではなくて，自分はその人がセッションから何を得たいのかをわかっていないと思い，そして，複雑な問題について複雑ではない解決法があるかもしれない，という可能性に対してオープンな姿勢をとる。またあなたは，SSI-CBT では，クライエントが後で，複雑な問題に対してさらに助けを求めることができると憶えているだろう。このような安全策があれば，SSI-CBT のセラピストとして，とくにそ

の人がこのサービスにアクセスすることに熱心なのであれば，SSI-CBTを提供することで失うものは何もないはずだ。

## 旅は最初の数歩から始まる

SSI-CBTでは目標が重要だと私は考えている。SSI-CBTにおけるクライエントとのワークで，私は2つの大きな目標を心に留めている。それは，その人が提示した問題[注2]に関する目標（つまり，その人の問題に関する目標）と，その人がセッションから持ち帰りたいことに関する目標（つまり，その人のセッションの目標）である。SSI-CBTでは，クライエントがセッションの目標を達成したときに，問題に関する目標に自主的に取り組むための準備ができたと感じることがよくある。これは，その人が，自分が望む旅に向けて最初の一歩を踏み出したということだ。この旅のために，さらに支援を求めるかもしれない。これは，この章の最初に示したSSTの定義に合致しており，SSI-CBTにおいて十分可能である。

SSI-CBTを定義して，そのおもな前提を論じたので，次の章では，シングル・セッション思考（Hoyt, Young & Rycroft, 2020）あるいは，シングル・セッション・マインドセット（Young, 2018）と呼ばれるものについて概要を説明する。実践家は，どのようなアプローチでシングル・セッションのワークを行うにしても，このマインドセットを採用することが推奨される。

### 注釈

1 本書では，読者であるあなたに対して，まるであなたがすでにSSI-CBTのセラピストであるように直接語りかけている。とくにこの本では，個人的に「語りかける」ことが，一番よいのではないかと思うからだ。あなたがこれを嫌でなければよいのだが。

2　本書において私は，クライエントがセッション内で焦点を当てたい問題の
　ことを，その人が「提示した」問題と呼んでいる。

# 2章

# SSI-CBT におけるシングル・セッション・セラピーのマインドセット

シングル・セッション・マインドセット（Young, 2018）または，シングル・セッション思考（Hoyt et al., 2020, 2021）と呼ばれるものを採用して，これを SSI-CBT の実践に使うことは，SSI-CBT の実践家であるあなたにとって最も重要な課題の1つだと私は考える。なぜなら，私がここで「従来の臨床的な考え方」（conventional clinical thinking）と呼ぶものを SSI-CBT に持ち込むと，すぐに身動きがとれなくなり，クライエントに過度の負担をかけることになってしまうからである。

## SSI-CBT における
## シングル・セッション・マインドセットの要素

このセクションでは，シングル・セッション・マインドセットの特徴を述べ，できる限り従来の臨床的なマインドセットと対比して説明する。

### 時間を効率的に使う

シングル・セッション・マインドセットの最も重要な要素の1つは，SSI-CBT のセラピストとして，ワークの時間をどう考えるのか

に関係している。これは，以下の原則に示される。

### 必要なときに必要な支援を提供する

　必要なときに必要な支援を行うとは，クライエントが必要とするときに面接を行うということだ。これは，面接の予約がとれたときにクライエントを支援する（従来の臨床的な考え方の特徴が表れている）というこれまでのやり方とは対照的である。必要な時点での支援には，次のような特徴があると SSI-CBT の実践家は考えている。

- ・クライエントのニーズに応えるには，最善の支援が提供できるのを待つよりも，何らかの支援をすぐに提供する方がよい。従来の臨床的な考え方では，クライエントは専門家の判断によって最善で最適な支援を得るためにアセスメントを受ける。SST では，クライエントの選択を優先するので，クライエントが，待ち時間があることを知ってそれに同意するなら，従来のセラピーを受けることを選択できる[注1]。
- ・すぐに支援を提供することが，十分なアセスメントやケースフォーミュレーションを行うよりも重要である。しかし，従来の臨床的な考え方では，治療の開始前にこれらを行うことを重視している。
- ・生活歴（case history）がなくてもセラピーは始められる。SSI-CBT のセラピストとしての私の実践は，セッションでクライエントを支援するために私が知っておく必要があると**クライエントが**思う過去について，何でも話すようにクライエントに勧めておくことだ。
- ・人は，必要なときに提供される支援を活用するための資源をもっている。

・本書の 8 章で述べるように，クライエントに SSI-CBT を提供してみて，それによい反応を示すのかどうか，そして，もしクライエントが SSI-CBT を受け入れるのなら，どう反応するかを見ることが一番よいやり方である。このように，適合するかどうかは事前ではなく，事後に経験的に評価され，この場合に貴重な時間は，有用性を曖昧に評価することではなく治療に費やされる。これは，従来の臨床的な考え方とは対照的であり，クライエントの問題をアセスメントして「最適な」治療法を割り当てる前に，サービスに対してクライエントが適合するかどうかをアセスメントするやり方を支持している。

・治療をすぐに始めることは可能だが，これが問題になる場合はリスク〔訳注：自殺のリスクなど〕が管理される。「必要なときに支援を提供する」という原則に対する最も一般的な反論の 1 つは，リスク管理の問題である。従来の臨床の考え方では，治療が進む前にリスクを評価する必要がある。しかし SSI-CBT では，当然のこととしてリスクは評価されない[注2]。その代わりに，**もし**問題があるならそれを特定して，そのセッションは，クライエントの当面の安全を確保することに充てられる。

### 予約からセッションまでの時間を有効に使う

　SST を希望するクライエントには，できるだけ早く予約をとってもらうことが大切だと，私は考えている。予約を入れてからセッションまでにはまだ時間がある。この時間をうまく使って，クライエントがセッションから最大限のものを引き出すための準備をするように提案することが重要である（19 章参照）。

## 急ぐ必要はない

SST では時間が限られているが，シングル・セッションのとても有能なセラピストは，プロセスを急がずに時間をかける。つまり，クライエントのペースで，その人が提示した問題に関する目標や解決策に焦点を当て続けるように手助けすることが重要である。プロセスを急ぐと，クライエントへの支援よりも，セラピスト自身のやるべきことに注意が向いてしまう。

## 最初の瞬間からセラピーを始める

ウォークインのシングル・セッションのセラピストが，予約制の SSI-CBT を行うセラピストに教えることは多い。それは，時間を有効に使うという観点から，クライエントが到着したらすぐにセラピーを開始し，クライエントの述べた要望にセッションの焦点を当てるということである。通常の SSI-CBT の治療実践においてこの重要性を理解するのに役立ったのは，私がこれまでのキャリアで行ってきたシングル・セッション・セラピーのライブ・デモンストレーションである（Dryden, 2018, 2019, 2021a, 2021b, 2021d）。ここで，支援を求めている問題についてその人を手助けするために要した私の最短時間は，約 25 分だった。このワークのおかげで，興味深くても，その人が望むことには役立たないような話をやめて，本題に入ることの大切さを知った。その結果，いまではすべてのシングル・セッションで，最初の瞬間からセラピーを始めることの重要性を心に留めている。

## 透 明 性

SSI-CBT の重要な側面について，透明性が必要だと心に留めておくことは重要である。つまり，SSI-CBT の性質や 1 回のセッショ

ンで何ができて，何ができないのかについて透明性が求められる。どのような形であれ CBT を望まない人がいるので，SSI-CBT では CBT を中心にしていて，それが実践に影響を与えることを明らかにしておく必要がある。インフォームド・コンセントの前に，支援を求める人が SSI-CBT の性質について知っておくことは重要である。

**SSI-CBT のセラピストのセッションへの取り組み方**

　他の SST のセラピストと同様，SSI-CBT のセラピストも，クライエントとのセッションがただ一度のセッションになる可能性があることを理解して，セッションを行う。これは，クライエントの診断名や問題の複雑さ，深刻さに関係なく同じである。ウォークイン・クリニックで働く SST のセラピストの経験（Slive & Bobele, 2011 参照）によると，シングル・セッションのワークにやって来る深刻で複雑な問題を抱える人も，深刻さや複雑さの度合いの小さい問題を抱える人たちと同じくらい，このワークから多くを得ることがわかっている。

　従来の臨床的な視点では，CBT のセラピストは，最初のセッションが一連のセッションの最初のものであることを期待してアプローチする。したがって，セラピストはまずクライエントから生活歴を聴き取り，その人が抱えていると思われる問題をアセスメントして，取り組むべき順序をクライエントと相談する。時間が許すなら，セラピストはクライエントの問題のケースフォーミュレーションを作成し始めるだろう。

　この 2 つのマインドセットの大きな違いとして，シングル・セッション・セラピーの考え方であれば，CBT のセラピストはすぐにセラピーを始める（上記参照）。しかし，従来の臨床的なマインドセットに従えばそうではない。

CBT のセラピストは，クライエントの問題への介入を始める前に，ケースフォーミュレーションの作成が大切だと考える。これは，クライエントが治療の流れに乗るとわかっている場合には有効なやり方だが，SSI-CBT ではよい実践とは言えない[注3]。さらに，本書の他のところで述べたように，最初のセッションが終了した後でクライエントがさらにセッションを受けるために戻ってくるのかどうか，確実にはわからない。こう考えると，SSI-CBT のセラピストとして，最初のセッションが最後のセッションになる**可能性もある**と考えてアプローチすることになる。

## セッションはそれ自体で完結していると考える

　SSI-CBT の実践を望む CBT のセラピストは，プロトコルやマニュアルに基づいた治療という考えを捨てる必要がある。長期の治療では，特定の問題の治療のために，たとえば 8 回の連続したセッションのプロトコルには意味があるかもしれないが，もしセラピストが，同じ問題を抱えている人に対して，これらのセッションを 1 回にまとめて行おうとするなら，これは災いを招くことになる。実際，このような試みは，従来の臨床的な考え方と私が呼ぶものから生じる。SSI-CBT において，そのクライエントに最善の支援を行うためには，マニュアルに基づく CBT に慣れているセラピストはまず，シングル・セッションのマインドセットを取り入れて，シングル・セッションをそれ自体で完結するものだと考える必要がある。これは，多くのセッションを 1 回に凝縮するという考え方を捨て，代わりに，問題を抱えて目の前にいるクライエントを支援するのに役立つかもしれない特定のアイデアをプロトコルから取り入れることを意味する。SSI-CBT のセラピストとして，あなたは問題を見るのではなく，問題をもっているその人に目を向ける。そうすることで，

問題を抱えている人とは無関係に問題に対して用意されたプロトコルに基づく支援ではなく，クライエントの希望に基づいたオーダーメイドの支援を提供できる。

## クライエントをプロセスの中心に置く

シングル・セッションのマインドセットをワークに取り入れるとき，他の SST セラピストと同様，SSI-CBT の実践家として，クライエントを治療プロセスの中心に据える。これは，セラピーに何を求めるかを判断するのはクライエントであり，アクセスするサービスを決めるのもクライエントだと念頭に置くことである。この意味で，SSI-CBT は，セラピーというサービスの利用者が，提供されるサービスに対してより大きな発言力を望む声に対応している。また，SSI-CBT のセラピストとして，あなたは，クライエントがセッションで何を達成したいのかを尋ね，その目的達成のため，共にワークする必要があるという考え方に従う。

さらに，事実上，セッションを何回受けるのかは，クライエントが決めることであり，多くの場合，1 回のセッションが選択されるとあなたは知っている。ホイトら（Hoyt et al., 2020: 224）が言うように，「クライエントはセラピストよりも心理療法への関心がはるかに薄く，治療的な短い出会いの方を好む」のである。

これらはすべて，セラピストが従来の臨床的なマインドセットに従って活動する状況とは対照的である。従来のセラピストは，クライエントとクライエントの問題の双方をアセスメントし，そのアセスメントに基づいて治療の形を提案して，その治療を理想的にはどのくらい続けるかを示す。これについて，クライエントにも相談するが，セラピストが中心となって提案を行う。従来のやり方では，クライエントがプロセスの中心にいるわけではない。この重要な原

則について，7章でさらに説明する。

## 適しているかどうかをアセスメントする必要はない

　8章でくわしく扱うが，SSI-CBTが誰の役に立って，誰の役に立たないかを決めるための信頼性や妥当性を備えた方法がないので，最初にこれを判断しようとするのは，治療時間の有効な使い方ではないとシングル・セッションでは考える。CBTの影響を受けたシングル・セッション・セラピーで利益を得るのが誰かを知る唯一の方法は，あなたとクライエントが1回のセラピー・セッションを行い，クライエントが利益を得るかどうかを見ることである。1章で述べたように，セッションから利益を得られなかった場合，さらに支援を行うことが可能である。シングル・セッションの考え方では，どのような支援を受けたいかをクライエントが決めることを重視しているので（前のセクションを参照），SSI-CBTに適したクライエントのおもな基準は，クライエントがSSI-CBTの実践家が提供するものを理解して，この形での支援を利用したいと希望するかどうかである。

## クライエントの内的な強みと価値に焦点を当てる

　1回のセッションで，クライエントのレパートリーにないスキルを教えることはできない。そこで，その代わりにSSI-CBTでは，クライエントが自分のレパートリーとしてもっているものを使うのを助けるというアイデアを心に留めておくことが重要である。これは，セッションの中で，問題や課題に対処するために使うことができるクライエントの強みを確かめるために質問することを含んでいる。そのような強みの例として，忍耐力，回復力，知性，共感力などがある。また，クライエントが自分を導くような価値を有しているこ

とを念頭に置き，適切なタイミングで，価値を明確にするように質問することが重要だ。そのような価値の例としてはオープンマインド，誠実さ，忠誠，頼もしさなどがある。

　強みと価値の違いについて考えてみよう。私は，**価値**はその人の目標に方向性を与えるものであり，**強み**はその人の目標達成を助けるものだと考えている。このように，クライエントの強みと価値は両方とも，SSI-CBT における貴重な資源である。

### クライエントに外的資源を利用するように勧める

　SSI-CBT では，クライエントの内的資源（強み，価値）の活用に加えて，その人が抱える問題や課題の解決の助けになる外的資源があるかもしれないと念頭に置いておくことが重要だ。そのような外的資源のよい例は，クライエントの「チーム」に属していて，クライエントが問題に対処するのを助けたり，サポートしたりする可能性がある人たちである。このとき，プロのテニス選手に関わる人々（たとえば「チーム・ナダル」）のように，異なる人が異なるタイプの支援を提供することがある。また，外的資源の別の例には，支援を提供する組織やクライエントを何らかの形で支援する携帯電話の「アプリ」，そしてもちろん，インターネット上のさまざまな検索エンジンも含まれる。

### クライエントの希望を考慮した支援が重要である

　差し迫った問題に焦点を当て，その問題の解決策を探したいというのは，おそらくクライエントが SSI-CBT を求める最も一般的な理由だが，それだけではない。時には，クライエントは問題を探求したりもっと明確に理解したり，自分の思いを打ち明けたりしたいのかもしれない。そこで，SSI-CBT のセラピストは，クライエントに

対する援助の姿勢について柔軟であることが重要だ。つまり，SSI-CBT のクライエントによっては，セラピストは CBT の力を使う必要がないかもしれない！　そこで，SSI-CBT のセラピストは，この点を念頭に置いてワークを行うことが重要である。

## 焦点に合意してそれを維持する

　クライエントの望む援助が，問題の解決策を見つけることであっても，問題を探求することや問題をより深く理解すること，あるいは，意思決定であっても，クライエントが焦点を定めて，それを維持するように手助けすることが大切だと心に留めておくことは欠かせない。ただし，クライエントが途切れなく話すことを望み，あなたに話を聞いてほしいという場合は例外である。この場合，クライエントが話したいことを話している間，あなたは注意を向けて聴く必要がある。

## 「PGS」の原則を心に留めておく

　SSI-CBT において私たちは，3 つのことを心がけている。まず，クライエントが支援を求めている問題の特定を手伝う。また，クライエントと私たちセラピスト自身が，この問題を理解できるように手助けをする。これを SSI-CBT の「P」の作業と呼ぶが，「P」は「問題」（problem）のことである。

　第 2 に，私たちは，問題に関連のある目標（問題に関する目標）と，セッションの結果としての目標（セッションの目標）の両方を設定するのを手伝う。これを SSI-CBT の「G」の作業と呼ぶが，「G」は「目標」（goal）を意味する。

　第 3 に，クライエントが自分の問題に効果的に対処し，目標を達成するのに役立つ何かを見つけ，それを持ち帰ることを援助する。

もし，クライエントがセッションの中でこの解決策のリハーサルを行い，それを実行するための行動計画を立てることができれば，さらによいだろう。これを SSI-CBT の「S」の作業と呼ぶが，「S」は「解決策」（solution）のことである。私が，「PGS」の原則を常に念頭に置くのは，それが SSI-CBT を行う際，セッションの構造化に役立つからである。

## クライエントが使えるものを持ち帰れるように手助けする —— 過剰な負担をかけないようにする

SSI-CBT のセラピストとしてあなたは，クライエントがセッションから，今後使える価値あるものを持ち帰ることの重要性を心に留めておく。その際に，2 つの関連する考えに従うことになる。つまり「少ないほどよい」と「多いほどよくない」である。対照的に，SSI-CBT に慣れていないセラピストが，従来の臨床的な考え方をシングル・セッションに持ち込むなら，一般的に，「このクライエントにはもう会わないかもしれないので，今後問題に対処するために必要なものをすべて与えよう」と考えるだろう。このセラピストは，「多いほどよい」という考えに従っている。この考えに基づいて行動すると，セラピストはクライエントに過剰な負担をかける恐れがあり，クライエントはセッションから何も得ることができない。クライエントがセッションから「1 つのこと」（Keller & Papasan, 2012）を持ち帰って，それを実行し，自分の人生に違いをもたらすことのできる方がはるかによい。有能な SSI-CBT のセラピストは，クライエントがセラピストにとってではなく，クライエントにとって大切なものをたしかに持ち帰ることが重要だと心に留めている。

この章では，SSI-CBT の実践家がワークに取り入れることが推奨

されているシングル・セッションの考え方について説明し，「従来
の臨床的な考え方」と私が呼ぶものとの比較を行った。次の章では，
作業同盟の理論について述べるが，私はこれを，SSI-CBT のための
実践的で一般的な枠組みだと考えている。

### 注釈

1　CBT では，実証的に支持された，特定の状態に対する数週間の治療法が数
　多く存在する。もしクライエントが SSI-CBT に取り組むよりも，そのよう
　な治療法を希望する場合には，その希望が尊重されるべきである。
2　SST が提供されている機関の中には，セラピストがすべてのクライエント
　についてリスク評価を行うことが義務づけられているところがある。その
　ような場合，セラピストはセッションの最初に，リスクアセスメントを行
　う必要があるとクライエントに説明する。この場合，セラピストは，示さ
　れたすべてのリスクを扱い，何も示されなかったときには，クライエント
　がセッションに望むことに焦点を当てる。
3　ジェンキンス（Jenkins, 2020 : 21）は，「クライエントの困難と経験の性質
　を，変化の**可能性**という観点から捉え直し，クライエントを**利用可能な**資
　源に向かわせる」という考え方に基づく，1 セッションでケースフォーミュ
　レーションを行う CBT 志向の SST を概説している。私は，このやり方はね
　らいが慎重すぎて，1 回のセラピーで達成できることを過小評価していると
　考えている。

# 3章

# 作 業 同 盟
### SSI-CBT における一般的な枠組み

　タイトルからわかるように，CBT によるシングル・セッション・セラピー（SSI-CBT）は，おもに，従来の心理療法の 1 つである認知行動療法（CBT）に基づいている。しかし，SSI-CBT は柔軟でオープンなアプローチであり，他の療法の方法やより一般的な治療の枠組みにおける概念や考え方，実践，理論も用いられる。SSI-CBT のセラピストが自分たちのワークをどのように考え，どう実践するかに対してとくに影響を及ぼしているのが，作業同盟理論として知られる枠組みである。

　エド・ボーディン（Bordin, 1979）によって開発された作業同盟理論では，心理療法の実践が，3 つの関連し合う広い領域の視点から理解できると述べられている。つまり，「絆」（bond），「目標」（goal），「課題」（task）である。のちに私は「設定」（views）と呼ぶ第4 の領域を加えた（Dryden, 2011）。本章では，作業同盟理論の最新版を提示して検討し，それが SSI-CBT のセラピストの考え方や実践にどう影響するかを示す。

## 絆

　絆とは，セラピストであるあなたとクライエントとの間の対人的な結びつきのことである。絆の領域には，SSI-CBT に関係するいく

つかの側面がある。

## 「中核条件」とは

　「中核条件」（core conditions）とは，クライエントが心理的に成長するために必要な治療の条件がいくつかあり，これらの条件はその成長が起きるための十分条件でもあるという，カール・ロジャーズ（Rogers, 1957）の考えの口語的な表現だ。これらの条件が必要かつ十分なのか，必要だが十分ではないのか，あるいは必要でも十分でもないのかについて，たくさんの議論が交わされてきた（Ellis, 1959）。それでも，これらの条件は，カウンセリングや心理療法におけるほとんどのプロセスで中核をなすという見解が有力であり，そのため「中核条件」という用語が使われている。

　これらの中核条件が存在するとき，クライエントは，あなたとの出会いにおいて，共感や尊重，純粋性を経験する。SSI-CBT は，クライエントからあなたがこのように経験されることが重要だと考えている。しかし，そのような経験が，SSI-CBT の最も重要なゴールだとされているクライエントの意味体系や行動体系に関連する変化を促す場合を除いて，たいてい，変化を起こすには不十分なのである。

## 治療スタイル

　SSI-CBT の中核的なスタイルは，能動的で指示的である。つまり，クライエントの提示した問題や問題に関する目標の特徴，およびこの問題を維持するうえで重要な役割を果たしていると思われる考え方や行動の仕方に，クライエントの注意を積極的に向けさせる。それからあなたは，クライエントの目標達成を促すため，できるなら思考と行動の両方に変化が起きるのを援助しようと積極的に動く。

セラピストとして，最初から能動的で指示的なスタイルを採用することは大切だが，周りからは，2人が同じように対話に参加して見えるくらい，クライエントがプロセスに能動的になるよう，できるだけ手助けすることも同じくらい大切である。あなたが能動的でクライエントが受動的な場合，またはその逆の場合，ワークが生産的に行われる可能性が下がってしまう。

### 真のカメレオンとしてのセラピスト

アーノルド・ラザルス（Lazarus, 1993）は，「真のカメレオン」というセラピストの概念を提唱した。これは，優秀なセラピストは，クライエントに応じて治療スタイルを変える心づもりがあり，そうするのは，間違ったことではないという意味である。よって，たとえば，SSI-CBT を型にはまらないやり方で行うことも，定まったやり方で行うことも，ユーモアを取り入れることも取り入れないことも，物語や比喩，そして，たとえ話を使うことも使わないことも可能である。残念ながら，特定のクライエントに対してどのやり方が最善なのかを教えてくれる明確な指標はないが，ここでも他の場合と同様，ジョージ・ケリー（Kelly, 1955）の第 1 原則を修正したものが実践において役に立つ。つまり，「クライエントについてわからないことがあれば，本人に聞いてみよう。教えてくれるかもしれない[注1]」である。そして，それを実践して，クライエントの反応から判断するなら，たいていは，あなたが正しい道を進んでいるかどうかがわかるだろう。

# 設　　定

設定という領域は，SSI-CBT における多くの事柄に関する，あな

たとクライアント双方の理解に関係している。料金や秘密保持義務などは別として，SSI-CBT を効果的に行うために，両者が合意しなければならない重要な事項は以下の通りである。

## SSI-CBT の構成要素

双方が，SSI-CBT を構成する要素を理解することは，クライアントがそのプロセス[注2]に対して正しい期待をもつためには欠かせない。私の考えでは，SSI-CBT には次のような構成要素がある。

### 最初のコンタクト

さて，誰かから連絡があると，あなたは SSI-CBT についてくわしい説明を行う。もし，その人が SSI-CBT を受けることを希望するなら，次のコンタクトが用意される。

### セッション前の質問票

この質問票は，クライアントがセッションの準備をするために役立ち，また，電子メールで返送されることで，あなたもセッションの準備ができる（表 19.1 参照）。プロセスのこの段階のおもな目的は，クライアントがセッションから最大限のものを引き出すように援助することである。

### セッション（対面またはオンライン）

Covid-19 のパンデミック以前，私は SSI-CBT のワークをすべて対面式で行っていた。パンデミックによりそれが不可能になったので，私はこのワークをすべてオンライン（たとえば Zoom）にした。これによって，SSI-CBT をより多くの人たちに，とくに国内のさまざまな地域の人や海外の人に提供することが可能となった。今後は，対

面かオンラインかを，クライエントに選択してもらうつもりでいる。どちらの方法でも，クライエントには，「セッションは**最長** 50 分で，ほとんどの場合，そこでワークの大部分が行われます」と伝える。50 分のセッションが終わる前に，クライエントと私とのワークが終了することも珍しくないので，ここでは，「最長」という言葉に注意してほしい。セッションをうまく終わらせることが重要なので（28 章参照），50 分間続けるのではなく，ワークが終了したのなら早く終わらせるのがベストだ。ワークが終わっても 50 分間続けた場合には，クライエントがセッションから得るものを損なってしまう可能性がある。

### フォローアップ・セッション

このセッションは，クライエントの決めた日に行われる。電話（その場合は約 20 分間）または質問票を使って実施できる（表 30.1 参照）。

このように 4 回コンタクトするのは，SSI-CBT における私の実践のやり方であり，他のセラピストは，別のやり方で SSI-CBT を行うかもしれない。作業同盟について設定という領域の視点から重要なことは，何を得られるのかがクライエントに明らかになり，クライエントがそれに同意していることである。

## 追加のセッションの可能性

SST の分野におけるほとんどの理論家は，シングル・セッションのクライエントがその後でセッションを求めるのなら，追加のセッションを提供することが欠かせないと述べている（たとえば，Talmon, 1990）。これによって，1 回のセッションですべてを成し遂げなければいけないという緊張が和らぎ，かえって，このパラダイ

ムの中でワークを行うことを可能にする。クライエントが自分の置かれた立場を正確に理解できるように，SSTでは1回のセッションしか提供されないと，最初にはっきりさせておくことが重要だという少数派の意見がある。作業同盟の観点から重要なのは，あなたとクライエントの双方が，追加のセッションが可能かどうかを明確にして，これについて双方が合意したうえで進めるということだ。

### 認知行動的概念化

　定義の上でSSI-CBTは，クライエントの問題と目標について認知行動的概念化を採用しているが，補足的に，他の枠組みにおける概念化を用いることもできる。作業同盟の視点からは，クライエントが自分の問題に対するCBTの見解に納得し，それを利用できることを示したときに，最もワークがはかどる。もしそうでなければ，SSI-CBTは有効ではないだろう。これは，あなたがその人の役に立たないという意味ではない。そうではなくて，クライエントが問題の概念化に納得して同意し，この共有される見解に基づいて進める必要があるということだ。

# 目　　標

　SSI-CBTは，問題焦点的であり，目標指向的でもある。作業同盟の視点から目標を考えるときに重要なのは，あなたとクライエントの双方がクライエントの目標に同意することだ。これは簡単なようだが，クライエントが非現実的な目標を設定した場合，現実的にSSI-CBTでそれを達成できるのかという観点からは，問題があるといえる。この場合，SSI-CBTがうまくいくかどうかは，あなたがクライエントを援助できるくらいにまで，目標を下げられるかどうか

にかかっている。SSI-CBT における目標の複雑さ，そして，目標に対してどう効果的にワークを行うかについては，9章と23章で述べる。

<h1 style="text-align:center">課　題</h1>

課題とは，あなたとクライエントの双方が，クライエントの目標のために行う活動である。次のような問いが，作業同盟の視点から重要である。

- クライエントは，あなたの介入とあなたの能動的かつ指示的なスタンスを理解できるだろうか？
- クライエントは，SSI-CBT のプロセスに積極的に関わることができるだろうか？
- セッション内での話し合いとセッション外での活動の橋渡しとなり，クライエントに感情的なインパクトを与える可能性のあるセッション内での課題に参加する準備が，クライエントにはできているだろうか？

これらの問いに対する答えが肯定的ならば，課題の領域において強い同盟があるということになり，良い結果が期待される。

あなたとクライエントの間で良好な作業同盟を築いて維持することが，SSI-CBT では非常に重要である。あなたがその同盟を維持する唯一の方法が，CBT の通常のやり方から外れることなら，そうするように私は提案する。

SST の作業同盟に関する研究はあまり多くないが，シングル・セッション・セラピーから得るものがあった人は，そうでなかった人

に比べて，セラピストとの間により強い作業同盟のあることが示されている（Simon, Imel, Ludman & Steinfeld, 2012）。

　本章では，SSI-CBT の実践についての全般的な考え方であり，SSI-CBT がうまく実践されていることを示すサインとなる可能性がある作業同盟の概念について述べた。次の章では，SSI-CBT の前提，つまり，主として認知行動的なさまざまな要因により，人は問題を生み出し，それを維持しているという点について考える。

### 注釈

1　ケリー（Kelly, 1955: 322-323）の第 1 原則は，「その人のどこが悪いのかわからないなら，本人に聞いてみよう。教えてくれるかもしれない」であった。

2　セラピストはプロセスのどこかの時点で，秘密保持義務とその限界，料金（有料の場合）とその支払い方法，セラピストが扱うべき領域を明確にする必要がある。たとえば，すべてのセラピストがクライエントのリスクアセスメントを実施しなければならない機関もある。クライエントがこれらすべての事項と本文で説明したコンタクトについて理解し同意することが，インフォームド・コンセントである。

# 4章

# 人はおもに，さまざまな認知行動的要因により問題を生み出して維持している

　1章では，CBT によるシングル・セッション・セラピー（SSI-CBT）を，包括的な枠組みとして理解することがベストであり，そうすることで従来の CBT の中に異なるアプローチを受け入れることができると述べた。後で少し説明するように，方法は異なるものの，これらのアプローチはいずれも，人は主として，さまざまな認知的要因や行動的要因により，心理的な問題を生み出して，それを維持しているという考え方に基づいている。

## CBT における「世代」

　ヘイズ（Hayes, 2004）は，CBT の発展をいくつかの「波」〔訳注：「第三世代の CBT」と表記する際の「世代」と同義〕という言葉で捉えた。SSI-CBT の枠組みを用いる際に，第一の波〔訳注：世代〕のセラピストは，認知的ではない行動療法を採用することが多く，古典的条件づけや連合学習，正の強化による不適応的反応を介した心理的問題の発展と維持を説明する要因を重視するだろう。

　「第二世代」の CBT セラピストは，認知システム内の異なるレベルにあるさまざまな認知的要因（たとえば，否定的自動思考〔negative automatic thought〕，思考の誤り〔thinking error〕，機能不全的想定

〔dysfunctional assumption〕やスキーマ〔schema〕など）に，より強く焦点を当てて SSI-CBT の枠組みを用いる。これは，エピクテトスに遡る「人は出来事によってではなく，出来事に対する見方によって悩まされる」という考え方に一致している。ここでの行動とは，おもに，これらの「見方」に基づいて人が行うことである。セラピストは，認知の変化を強化する行動の変化を伴って，これらの認知的要因の内容を変化させようとする。

「第三世代」の CBT セラピストは，SSI-CBT の枠組みを使って，その人が問題視する困難な状況への「正常な」認知的反応や感情的反応の扱いに失敗した結果，そのような反応に対して，その人が過剰に自己批判的になっている要因を検討する。「第三世代」の CBT セラピストは，いわゆる「機能不全」的な認知的反応や感情的反応を変えるようにとは，クライエントに言わない。その代わり，これらの反応をマインドフルに思いやりをもって受け入れる理論的根拠を提供し，そのような受け入れに取り組む際には，価値に基づいた目標志向的な行動を推奨する。

実際には，セラピストはおそらく 3 つの「世代」すべてを利用して，CBT の統合的な実践を展開している。

## SSI-CBT (WD)

この本を執筆するうえでの，私のおもな仕事は，さまざまなCBT アプローチを実践している CBT のセラピストが，SSI-CBT の枠組みをどのように利用できるのかを示すことだと述べた。また，私が SSI-CBT をどう実践しているのか，その概要を示して要点を説明するとも述べた。私自身のアプローチについては，SSI-CBT（WD）と呼んでいる。そして，このセクションでは，クライエント

とのワークで私が留意している要因を概説する。

**硬直した極端な態度 vs. 柔軟で極端ではない態度**

　私が CBT で優先しているのは，論理情動行動療法（Rational Emotive Behaviour Therapy: REBT）である。このアプローチの中心をなす理論的主張は，人が困難な事態に対して抱く硬直した極端な態度によって，それについて悩むことになるというものである。そういった困難な状況に健全に反応するためには，その代わりに，柔軟で極端ではない態度を身につけるように援助する必要がある（Dryden, 2021e）。そこで，SSI-CBT の枠組みの中で，クライエントの問題の根底にある硬直した極端な態度に焦点を当てて，その態度を柔軟で極端ではないものにするよう手助けする機会を探している。このような態度の変容ができない場合，他の認知行動的な方法でクライエントを援助する方法を探す。それは，問題に関連する推論の変化や行動の変化，環境の変化を促すことである。

> 　ジェシカは，社交不安の問題を解決するために，シングル・セッション・セラピーを受けた。彼女は，自分が面白い人間でなければいけない，そうでないと人に拒まれるし，それは怖いことだと信じていた。私の選んだポイントは，ジェシカが，自分が面白くないという可能性に対して柔軟な態度をとれるように援助すること，あるいは，（1）自分が面白いとか面白くないという推論や，（2）もし面白くないと人に拒まれるという推論に疑問をもつように援助することだった。

**問題を回避すること vs. 問題に向き合うこと**

　人は，問題を避けようとしたり，問題が引き起こす苦痛を避けよ

うとしたりすることで，気づかないうちに問題を維持している。これは一般に，短期的には安全を確保するのに役立つが，長期的には役に立たない。そこで，SSI-CBT においてクライエントの問題を扱う際，一般的に，私は次のようなことを探す。

- クライエントがやっかいな状況を回避する方法
- もしも，そのような状況から逃れることができない場合，クライエントが自分の安全を確保するために行っていること
- やっかいな思考や感情を排除しようとするために，クライエントが行いがちなこと
- クライエントが自分の問題を過剰補償するために行っていること
- 困難な状況に対してポジティブに，あるいはニュートラルに対処しようとするクライエントの試み

## 問題に対する不健全なスタンス vs. 健全なスタンス

　人が問題を抱えたとき，その問題に対するスタンスによって，生産的な取り組みができるか，あるいは，もとの問題に別の問題を加えることになるのかが決まる。後者の場合，追加された問題を「メタ問題」（meta-problems）と呼ぶ。SSI-CBT では，クライエントがメタ問題に取り組むのを助けることで，それだけで十分，生産的に暮らしていけるようになることがある。

　コリンは，自分は敏感すぎると考えて支援を求めていた。彼は，自分にとって大切なものや大切な人を失ったりすると，感情的になりすぎてしまうのだった。コリンは，自分の「過敏さ」を恥ずかしく思い，それが彼のおもな問題だとわかった。

自分がそうありたいと思うよりも感情的に反応してしまう普通の人間として，自分自身を受け入れるように，そして，自分が弱い人間ではないことを認めるように援助したところ，彼は自分の「過剰反応」についての反芻をやめることができた。

**他者に対する行動**

　対人関係の問題への援助を求めて，シングル・セッション・セラピーを受ける人は非常に多い。私がこのような状況にどう対応するかというと，まず，本人が他者のことで悩んでいるのかどうかを確かめて，もしそうなら，まずこのことに対応する。それから，その人が他者に対してどのように振る舞い，他者がクライエントにどう接してきたかを調べる。ここで私が注目するのは，クライエントの他者に対する振る舞いによって，気づかぬうちに問題を持続させていないかどうかを確かめることだ。そして，もしそうなら，直接，他者を変えようとするのではなく，自分の行動を修正するように促して，クライエントに変化をもたらすように支援する。

**不快への不耐性 vs. 不快への耐性**

　私の経験では，治療的な変化を持続させるためには，不快と広く呼ばれているものに耐える能力が重要である。これをもたらすために私は，クライエントが不快を許容できないという態度をとっているような場面を見つけ，代わりに不快を許容する一連の態度をとるようにクライエントを促す（Dryden, 2022a）。不快への不耐性に関するタイプの1つは，混乱した感情にもちこたえる能力に関連するとされており，論文では「不快情動不耐性」（distress intolerance）として知られている（Zvolensky, Bernstein & Vujanovic, 2011）。このような不耐性により，人が苦痛な感情を鎮めようとして，そういった感情を

経験する状況を避けると，その結果，心理的な問題が顕著に持続することになる。そこで，クライエントが苦痛に耐えられるように援助することは，SSI-CBT の重要な目標になる。

この章では，気づかないうちにクライエントが自分の問題をどのように維持してきたのかを，セラピストとクライエントが理解できるように，SSI-CBT のセラピストが，CBT のさまざまな「波」を用いること全般について要点を述べた。それから，この点に関して私が実践する SSI-CBT のアプローチを概説した。本書では，これをSSI-CBT（WD）と呼んでいる。次の章では，SSI-CBT において，クライエントが困難な状況に向き合うことを援助するという原則について述べる。

## 5章

# クライエントは自分の問題に関連する困難な状況（現実であっても推測であっても）に対して，健全に対処できるように可能なかぎり援助されるべきである

## SSI-CBT でクライエントはどのような困難について話すのか？

　私の経験では，SSI-CBT のクライエントも，継続的なセラピーのクライエントと同様の困難について話す。ベック（Beck, 1976）は，『認知療法 —— 精神療法の発展』（*Cognitive Therapy and the Emotional Disorders*）という初期の著作で，クライエントが支援を求めるおもな感情的問題の各々に関連することの多い困難な状況の種類を概説している。その際に，彼は個人領域という概念を導入した。これは，その人にとって重要な人，物，概念，考えから構成されている。またそこには，その人が自分自身について大切にしていることも含まれる。2009 年に，私はこのモデルの改訂版（Dryden, 2009）を発表し，近年，これを発展させた（Dryden, 2022b）。この改訂版では，個人領域における 2 つの重要な領域を区別している。自己領域（ego realm）（自己評価に関するもの）と非自己領域（自己評価に影響しない，その人の大切なすべてに関するもの）である。

　クライエントが SSI-CBT において感情の問題（「ABC」モデル[注1]の

「C」）を示すとき，感情に関する認知行動モデルの「A」は，その人が何に困っているのか（つまり，どのような困難に直面しているのか，あるいは直面していると考えているのか）を示す。以下は，SSI-CBTでクライエントが話す最も一般的な感情と，それに関連する困難な状況のリストである。

## 不　安

不安を示すクライエントは，個人領域の中心的な側面への**脅威**となる何かについて不安を感じやすい。この脅威の重要な要素は，それが差し迫っていると認識されることである。個人領域の自己領域において不安に関連する困難な状況には，一般的に以下のものがある。

・失敗
・拒絶
・批判
・不承認：他者からの否定的な評価
・自分自身に関する否定的な情報の開示
・自己コントロールの欠如

個人領域の非自己領域において不安に関連する困難な状況は，一般的に以下の通りである。

・自分の身体的またはウェルビーイング（well-being）に関する不安
・個人領域の中心的な側面における純粋さについての疑い
・自己コントロールの欠如

5章　クライエントは自分の問題に関連する困難な状況(現実であっても推測であっても)に対して，健全に対処できるように可能なかぎり援助されるべきである

・不快な感情

## 抑 う つ

　抑うつ感情を示すクライエントは，次のようなことに抑うつを感じやすい。

・個人領域での失敗
・個人領域における損失
・自己または他者の経験するひどい窮状

　ここでの，不安と抑うつの重要な違いは，不安では困難な状況が差し迫っているのに対し，抑うつでは，それがすでに起きたと思われていることである。

## 罪 悪 感

　罪悪感を示すクライエントは，次のようなことに罪悪感をもちやすい。

・個人領域の道徳的分野における自分の規範を破ること
・個人領域の道徳的分野における自分の規範を守れないこと
・他人の感情を損なったり傷つけたりすること

## 恥

　恥を示すクライエントは，次のようなことに恥を感じやすい。

・個人領域における自分の理想にとても届かないこと
・自分自身に関する何か「恥ずかしいこと」が露呈すること

・個人領域に関わる自分の弱点が否定的に判断されること
・何か「恥ずかしいこと」が，自分と近い関係にあると思う人によって，またはその人について暴露されること

**傷 つ き**

傷ついた感情を示すクライエントは，次のようなことに傷つきを感じやすい。

・対人関係において，相手よりも自分の思い入れの方が強いこと
・関わっている相手から，不十分な扱いや不当な扱いを受けること

**怒 り**

怒りを示すクライエントは，以下のような困難な状況で怒りを感じやすい。

・挫折すること（たとえば価値ある目標の追求における妨害）
・その人の個人的なルールを誰かが破ること
・自分自身の個人的なルールを（自分に腹を立てて）自分で破ること
・その人の自尊心を脅かす態度を他人がとること
・他人が自分を見下すこと
・不当に扱われたり，他人が不当な扱いを受けるのを見たりすること

**嫉 妬**

嫉妬の感情を示すクライエントは，以下のような場合に嫉妬を感

じゃすい。

- ・自分の大切な関係（通常は，恋愛関係だが，それ以外のこともある）が，他人がその相手に関心を向けることによって，脅かされていると思うとき
- ・上記の脅威に関連する不確実さや曖昧さに直面したとき

## 羨　望

　羨望を示すクライエントは，以下のような場合に羨望を感じやすい。

- ・欲しいけれど自分はもっていないもの（たとえば物，人間関係，仕事）を誰かがもっているとき

# SSI-CBT において，クライエントの困難な状況への対処をいつ援助すべきか？

　ここでの重要な問いは，SSI-CBT のセラピストとして，どのようなときに，クライエントが困難な状況を回避するのではなく，正面から取り組むのを援助すべきか，ということである[注2]。この問いに対する答えは複雑だが，SSI-CBT（WD）では，次のような場合にクライエントが困難な状況に直接取り組むのを援助する。

## クライエントが問題となる困難な状況に直面して「行き詰まって」いる

　ここでの「行き詰まり」とは，クライエントが同じタイプの状況に繰り返し同じように反応して，先に進めないでいることを意味す

る。このような場合，介入の目標は，クライエントの動きを促すことであり，私の考えでは，このための最善の方法は，できれば，クライエントがその困難な状況に直面して，それに直接対処するのを援助することである。

## クライエントが困難な状況に対して混乱した感情や非建設的な行動を示している

アクセプタンス＆コミットメント・セラピー（ACT）の実践家が述べるように，否定的感情の存在は，必ずしも，クライエントが困難な状況に対処するために助けが必要なことを示すものではない（たとえば Batten, 2011）。しかし，もしクライエントが，否定的で混乱した感情という反応を示し，とくに，この感情に非建設的な行動が伴う場合は，一般的に，その人が困難な状況により建設的に対処できるように援助を受ける必要がある。しかし，これは，否定的な感情体験を排除するということではない。SSI-CBT（WD）への私のアプローチを支えている論理情動行動療法の原則の1つは，困難な状況への健全で否定的な反応（感情や行動）は，困難な状況に対してその人がもっている柔軟かつ極端ではない態度に基づく，ということだ。これに対して，同じ困難な状況に対する不健全で否定的反応は，その人が困難な状況に対して硬直した極端な態度をとることに基づいている。よって私は，困難な状況に対するその人の反応が，否定的で健全<u>ではない</u>場合にのみ介入する。

## 困難な状況へのクライエントの反応がその人のおもな困難となっている

人間は，困難な状況に対する自分自身の反応によって，自分を困らせることのできる唯一の生き物である。これは，とくに，困難な

状況に対して否定的だが健全に反応する場合，人間にとって最大の問題となることがある。

マリオンはペットの犬を失って悲しみに暮れていた。彼女はたくさん泣いて，ペットを失って悲しいのは普通の反応だと受け止めていたが，自分の悲しみが，自分が思っている以上に長く続くことを恥ずかしいと感じた。

さらに，クライエントは混乱した反応を示すことに，混乱を感じるかもしれない。そのことが，クライエントの一次的な混乱への対処を妨げている場合，変化のためには，SSI-CBTにおいて，この二次的な混乱に焦点を当てる必要がある。

**偏った推論を修正してもクライエントが困難な状況に対して不健全な反応を続ける**

シングル・セッション・セラピーの枠組みにおいて，とくに推論が偏っていることが明らかな場合には，本人が問題だと思っている状況に対する自分自身の推論に疑問をもつように促して，手早くその人を助けたいという誘惑に駆られることが多い。

デニスは，人前で話すことへの不安に関する助けを求めてSSI-CBTを受けた。それに反する証拠があるにもかかわらず，彼は退屈だと思われることに不安を感じている，ということがすぐにわかった。実際には，彼の行ったプレゼンテーションに対して素晴らしいフィードバックを得ていた。現在も継続中のセラピーで，デニスのセラピストは変化を促すために，自分はつまらない人間だという彼の偏った推論に焦点を当てた。だが，

これは短期的にはデニスの助けになったものの，彼は「自分は
つまらないプレゼンをするだろう」という考えに戻り続けた。
私は，SSI-CBT において別のやり方を選び，彼に困難な状況に
直面して，自分がつまらないスピーチをしたとイメージするよ
う促した。そして，この結末に対して彼が抱いている不安の意
味を特定し，吟味し，変化させる手助けを行った。

　私は，SSI-CBT のセラピストがクライエントの推論に疑問をもた
ないようにと推奨しているのではない。実際，クライエントが新し
い推論の視点にはじめて気づくとき，SST における聖杯（Holi Grail;
Armstrong, 2015）と呼ばれる「ハッ」（aha）とする瞬間により，劇的
な変化が生じることがある。

　私の良き友人であり同僚でもあるリチャード・ウェスラーは，
ある女性を例に挙げた。その女性が思う父親の押しつけがまし
さに対する，彼女の不健全な怒りへの対処について，彼は援助
しようとしていたのだった。彼女は，父親が電話をかけてきて，
「どう，元気か？」と聞くたびに激怒した。父親は押しつけがま
しいという推論が正しいというのは決めつけだと促しても，
この問題への対処を手助けしてもうまくいかず，ウェスラーは
彼女に，父親の行動の他の意味を考えるように促した。ウェス
ラーが，父親の行動を押しつけがましさの証拠ではなく，対人
関係における彼独特の最初の一手（つまり，いまどきの言葉で言
えば "Whassup?"〔「調子はどう？」〕）だと考えてみてはと言ったと
き，クライエントに「ハッ」とする瞬間が訪れた。この新しい
推論は支持されたが，もしクライエントが父親の押しつけがま
しさについて疑う余地のない証拠を得ていたら，この先どうな

っていただろうという疑問は残る。このケースでは，困難な状況に取り組むことが，このセラピストがこのクライエントに対してその時点でとりうる最善の方法だった。

しかし，私の考えでは，実行可能である限り，クライエントが大変だと思っている困難な状況に対し，健全に対処できるように援助すべきである。そうでなければ，SSI-CBT から得られるものは，一時的なものとなるかもしれない。しかし，いま見てきたように，この原則にも例外はある。

この章では，SSI-CBT のセラピストとして，できる限り，問題の核となっている困難な状況にクライエントが対処することを援助すべきだと述べた。次の章では，人は条件が整うなら，すみやかに自分の役に立つことができるという SSI-CBT の前提について述べる。

**注釈**

1　CBT の「ABC」モデルにはさまざまなバージョンがある。私が使っているものは「A」が困難な状況（Adversity），「B」はその状況に対するその人の基本的（Basic）態度，「C」は「B」に対する感情的，行動的，思考的結果（Consequence）を表す。

2　このセクションでは私の臨床的な考え方を示しているが，クライエントが何に焦点を当てるべきかについて，理想的には，クライエントと私が一緒に話し合ってすべて決める。

## 6章

# 特定の状況で人はすみやかに
# 自分の役に立つことができる

　私のセラピストとしてのキャリアに最も大きな影響を与えた論理
情動行動療法（Rational Emotive Behaviour Therapy: REBT）の創始者アル
バート・エリス（たとえば Ellis, 2001）は，臨床上のポイントを示す
ためにケースビネットについて話すのが好きだった。SSI-CBT，と
くに，短期間で自分自身の役に立つ能力について話すとき，いつも
次のようなエピソードが頭に浮かぶ。

　　ヴェラという女性は，エレベーター恐怖のことでアルバー
　ト・エリスに助けを求めた。彼女は，個人心理療法を受けられ
　なかったので，エリスの集団療法の1つに参加した。ヴェラは，
　エレベーターに乗って恐怖に向き合う必要があるという考えを
　受け入れたが，これを実行に移すことに抵抗していた。エリス
　と彼女の仲間である集団療法のメンバーが，彼女がエレベータ
　ーに実際に乗ることを妨げている障害をすべて特定し，対処し
　ようと努力したにもかかわらずそうなっていた。この間ヴェラ
　は，エレベーター恐怖を本当に克服したいと思い続けていた。
　　ヴェラは，ある金曜日の午後遅くに，エリスとの個人セッシ
　ョンを予約したが，これはとても珍しいことだった。ちょうど
　彼女は，自分の勤めている会社のオフィスが高層ビルの5階か

ら同じビルの 105 階に移転すると聞いたところだった。しかも，週末に引っ越して，月曜日の朝早くには新しい部屋で仕事を始める予定となっていた。これまでヴェラは 5 階まで階段を使っていたが，毎日，105 階まで階段で登れるわけがないと思った。ヴェラは仕事を続けようと必死で，月曜の朝，105 階までエレベーターで行くために，恐怖に対処することを手伝ってほしいとエリスに頼んだ。エリスは，彼女が目標を達成したいなら，エレベーターに乗るときの不快感を受け入れて，週末の間，高層ビルのエレベーターを上り下りするしかないと彼女に伝えた。ヴェラは，恐怖を克服するまでこれを実行した。繰り返しの練習が効果的だということは，何年か前にヴェラがセラピーを始めたときと同じなのだが，そのときには彼女は取り組まなかった。

会社のオフィスが移転すると聞いてからヴェラが急激に変化する以前に，彼女がエレベーターの問題を短期間のうちに自力でなんとかできると思えないのも無理はない。ヴェラにはその力があったのだが，それを，ある特別な状況のもとでしか使おうとしないことが明らかになった。これは，次のようなことだと思われる。

## 知　　識

ヴェラは，自分のエレベーター恐怖を克服するために，何をすべきかを知っていた。彼女は必要な**知識**をもっていたのだ。クライエントが問題を解決するために自分が何をすべきかを知っているのは，変化のための重要な要素だが，ヴェラの例でわかるように，それで十分ではない。ヴェラはオフィス移転の前に，何をすべきかを知っ

ていたが，その知識に基づいて行動することはなかった。

## 変化に取り組む理由

　オフィスの移転前，ヴェラはエレベーター恐怖を克服したいと言っていたが，彼女の行動はその言葉を裏切っていた。これは，移転前には，自分の問題にきちんと取り組むだけの十分な理由がなかったけれど，移転後にはその理由ができたということだ。彼女は，105 階までエレベーターで行くことが，仕事を続けられるただ 1 つの方法だと思い，それを強く望んだのである。彼女はさらに，エレベーター恐怖を克服するために自分にできるのは，これだけだと考えた。移転前には，彼女は 5 階まで歩いて登っていた。もし，ヴェラが転職を決めていたら，エレベーター恐怖への取り組みは多分，中途半端なままだっただろう。

　オフィスの移転を知る前は，ヴェラには，変化への意欲が欠けていたという人がいるかもしれない。私の理解する限り，「意欲」という概念は，「それをする意欲がなかったので，やらなかった」という人がいるように，変化の理由と感情の状態とを包括したようなものであり，私たちの目的にはあまり適切ではないと考えている。ヴェラの場合，彼女がオフィスの移転を知り，エレベーターに乗らなければ職を失う可能性があると知ったとき，彼女には変わるための理由ができて，それにしっかりと取り組んだのである。私はこれを，変化の理由へのコミットと呼んでいるが，これがあると人は，自分にも他人にもできないと思うようなことができるのである。

# 変化のコストを受け入れる準備

　エリスはヴェラに，もし急な変化を望むなら，このアプローチに必要な反復練習を行う間，かなりの不快感に耐える必要がある，と伝えたのは，彼女に変化のコストを受け入れる準備があるのかどうかを考えるように求めているからだ。「痛みなくして得るものなし」というベンジャミン・ディズレーリの言葉がある。不快感を経験することは，クライエントが変化の際に経験する可能性のある多くのコストの１つであり，これらのコストが何なのかを特定し，**変化のコストを受け入れる準備**ができているかどうかを考えるように手助けすることが重要である。急な変化を望んでいても，そのコストを受け入れる準備ができていないクライエントは，SSI-CBT からあまり多くのものを得られないだろう。

　これらの３つの要素（知識，変化に取り組む理由があること，変化のコストを受け入れる準備ができていること）が，エストの単一恐怖に対する集中的単回セッション治療（intensive one-session treatment）から最大限の効果を得るためには必要である（Davis III et al., 2012 参照）。実際，この３つが存在しない場合，または，それらを促すことができない場合，これらのないクライエントは，この集中治療プログラムを受けられない可能性がある。

　人には，「飛躍的変化」（quantum change）と呼ばれる（Miller & C'de Baca, 2001）ものを引き起こす力がある。これは，突然の洞察やスピリチュアルな種類の突然の閃きであり，短時間で起きて肯定的な効果が持続する。このような変化は，SSI-CBT の文脈ではほとんど生じないが，人には深い変化を急に起こすだけの力があることを示している。SSI-CBT の背景にある，この理論的な考え方は重要である。

この章では，適切な条件がそろえば，急な変化の起きる可能性があることを述べた。次の章では，SSI-CBT において，クライエントの視点を優先する重要性を述べる。

# 7章

# SSI-CBT ではクライエントの視点を
# 優先することが重要である

　ある学術論文の要旨で読んだ次の文章が記憶に残っている。その研究は，個人開業におけるうつ病の認知療法について，ドロップアウトや効果のさまざまな予測因子を調べたものだった（Persons, Burns & Perloff, 1988: 557）。その文章は次のようなものである。「有意な改善が得られたにもかかわらず，50％の患者は時期尚早に治療を終えていた」。この文章はいろいろな意味にとれるが，この研究は，有意な改善が認められるとかなりの数のクライエントが治療をいったんやめることを示しており，著者らは，これらのクライエントが時期尚早に治療を終えたと考えている。もちろん，セラピストは，クライエントが機能することや機能不全になることついて自分の視点をもっており，その見解は専門的な知識によって特徴づけられている。マルキオ（Maluccio, 1979）は，自身の優れた研究において，クライエントが「時期尚早」に終了した場合，クライエントよりもセラピストの方が，幸福度の低いことを発見した。なぜなら，クライエントが自分の達成に満足する一方で，セラピストは必要でありながら，まだ対処されていないさまざまな問題に気づいているからだ。しかし，このシングル・セッションのワークでは，セラピストである自分の視点よりも，クライエントの視点を優先させることが重要である。あなたには，クライエントが取り組むべきことがわか

っているかもしれないが，クライエントが何に取り組むのかは，本人に中心となって判断してもらうことが大切なのだ。

# 「ドロップアウト」

　ボハートとウエイド（Bohart & Wade, 2013）の行った，セラピーにおけるクライエントの変数に関する包括的なレビューにおいて，セラピーからのいわゆる「ドロップアウト」の報告が複雑なのは，時期尚早の終了や著者が「早期の終了」（early termination）と呼ぶものの定義が定まっていないためだとの指摘がある。私はすでに冗談めかして，「ドロップアウトは，クライエントの準備が整ったとセラピストが思う前にクライエントがセラピーを離れたときに起きる」という定義を述べた。冗談はともかく，ボハートとウエイドのレビューによると，セラピーのプロセスから自分の望むものを得たという理由で，けっこうな数のクライエントが，そのプロセスから利益を得る前に離れていくのは確かである。つまり，ウェストマコット，ハンスリー，ベストら（Westmacott, Hunsley, Best, Rumstein-McKean & Schindler, 2010）は，セラピストと合意せずにセラピーを終えたクライエントは，セラピーを始めたときより終わったときの方が心理的苦痛は軽くなっているが，一方でセラピストはクライエントの苦痛は変化していないと評価していることを明らかにした。これは，クライエントはセラピストよりもセラピーから得るものに満足しているので，セラピストがそうすべきだと思う前に，クライエントは準備ができしだいセラピーをやめられるという結果（Maluccio, 1979）と関連している。

　セラピストは，臨床的に意味があると判断される改善の基準〔訳注：症状の程度を測定する尺度の得点の一定以上の改善等〕を満たす場合

と満たさない場合を区別するが，クライエント自身はそのような区別をしない。バーレット，チュア，クリッツ－クリストファーら（Barrett, Crits-Christoph, Connolly Gibbons & Thompson, 2008）は，そのレビューの中で，臨床的に意味のある変化が起きたというセラピストの基準を満たさなくても，満足してセラピーを終えるクライエントがいると結論づけた。また，セラピストと合意せずにセラピーをやめたクライエントのほとんどが，確かな改善を達成しているものの，基準を満たすほどの変化を遂げたクライエントはほとんどいなかった（Cahill, Barkham, Hardy, Rees, Shapiro, Stiles & Macaskill, 2003）。このことからも，クライエントは後者のタイプの変化が生じることについて，セラピストよりもずっと関心の低いことがうかがえる。ホイトとタルモン（Hoyt & Talmon, 2014b: 495）は，シングル・セッション・セラピーに関する研究のレビュー（以下で述べる）において，「研究では，シングル・セッション後に，クライエントの満足度の改善と同様に，苦痛と問題の深刻さの有意減少が報告されている」と結論づけた。このことは，セラピストが臨床的な意味があるほどではないが重要な改善と見なすものにクライエントが満足することを示唆しており，クライエントの視点からは臨床的に重要だと経験されているのかもしれない。

　クライエントは，セラピストが臨床的な意味があるほどではない程度の改善と定義するものに満足する場合もあれば，臨床的に意味のある改善をすみやかに達成することもある。バーカム，コーネル，スタイルズら（Barkham, Connell, Stiles, Miles, Margison, Evans & Mellor-Clark, 2006）は，クライエントの半数が，1，2回のセラピーで臨床的に意味のある確かな変化を達成したことを明らかにした。

# ホイトとタルモン

マイケル・ホイトとモーシイ・タルモンは，長い間，先頭に立ってシングル・セッション・セラピーの臨床的有用性を説いてきた。SST に関する研究に基づいた概説で，ホイトとタルモン（Hoyt & Talmon, 2014b）は次のように主張した。

1. 「最もよくあるセラピーの回数は 1 回であり，一般的な精神科／心理療法の患者の 20～58％が初回の来訪後，良くも悪くも再来しない」(p. 493) [注1]。このように，セラピストが好むと好まざるとにかかわらず，そして良くも悪くも，クライエントは 1 回しかセラピーを受けないことがほとんどである。これは，新規のクライエントとのセラピーにおいて，このような場合に備えておくべきだということを示している。
2. 「クライエントから見ると，1 回のセッションが必要なことは多い」(p. 493)
   ・27～42％のクライエントは，さらに多くのセッションを受けられるにもかかわらず，1 回のセッションへの参加を選ぶ（Carey, Tai & Stiles, 2013; Weir, Wills, Young & Perlesz, 2008）。
   ・SST に関するいくつかの研究では，約 60％のクライエントが 1 回のセッションで十分だと判断している。

原則として SST では，クライエントの視点を優先するので，クライエントの言うことに耳を傾ける必要がある。

3. 治療期間については，「クライエントは通常，セラピストより

も短い期間を希望する」(p. 494)。クライエント候補の人が私のところにやってくると，セッションを何回受ける必要があるのかをとても知りたがる。その人たちは継続的なワークよりも，ごく短いセラピーへの参加を望むことが多い。

4.「予約なしで1回のセッションを受けに立ち寄ること，つまり『ドロップイン』ができるようになったことは患者のためになった」(p. 495)

5.「SSTの効果は，『簡単な』事例だけに限定されるのではなく，自傷行為をはじめ，アルコールや薬物乱用の治療など，多くの領域でより広い範囲に効果を発揮できる」(p. 503)

セラピストの多くが，どのタイプのシングル・セッション・セラピーを学ぶときにも，これがいわゆる「簡単な」事例にしか使えないと不満を漏らす。ホイトとタルモン（Hoyt & Talmon, 2014b）がレビューで示したように，それがデータによって裏づけられているわけではない。

ここで紹介したデータは，SSI-CBTの基本となる理論的原則と一致している。つまり，クライエントの視点を優先するなら，多くのクライエントが，できるだけ迅速な支援がほしいと述べている。本書は，クライエントが望むものを与えるなら本人の得るものは多いという考えに基づいている。

次の章では，SSI-CBTの適用に関する疑問について考える。

#### 注釈

1　このセクションのページ番号はすべて，ホイトとタルモン（Hoyt & Talmon, 2014b）についてである。

# 8章

# 適用についての取り扱い

SSI-CBT に関して専門家から最もよく尋ねられるのは，このアプローチの適用と禁忌についてである。本書の初版で私はこの問いに取り組んだ（Dryden, 2017）。

## 適用に関する私のこれまでの立場 (Dryden, 2017)

### SSI-CBT は誰に適しているのか？

以下は，本書の初版で適用について私が述べたことである。私は，SSI-CBT が役に立つのは，次のような人だと考えた。

### 非臨床的な問題で援助を求めている人

1. 一般的で非臨床的な生活に関わる感情の問題を有している人（問題となる不安，非臨床的な抑うつ，罪悪感，恥，怒り，傷つき，嫉妬，羨望）
2. 家庭や職場の人間関係について援助を求めている人
3. 日常生活において自制心（self discipline）の問題を有している人
4. 現在，問題に取り組む準備ができていて，その問題が「非臨床的」であり，1 回のセッションに適している人
5. 行き詰まっていて，それを解消して前に進むために何らかの援助を必要としている人

6. 「臨床的」な問題を抱えているが，「非臨床的」な問題に取り組む準備のできている人
7. 人生の葛藤を抱えていたり，苦境に立たされたりしている人
8. 差し迫った重要な決断を迫られている人
9. 人生に何らかの形で適応することが難しいと感じている人
10. メタ的感情の問題を抱えている人
11. ライフサイクルにおいて，不定期のセラピーが助けになると考えている人
12. 迅速かつ集中的な危機管理を必要としている人

**臨床的な問題で援助を求めている人**
1. 集中的なエクスポージャーへの取り組みを希望する単一恐怖症の人（Davis III et al., 2012）
2. 心理教育後，すぐにエクスポージャーに取り組むつもりのあるパニック障害の人（Reinecke et al., 2013）

**コーチング**
1. 人生のさまざまな面でうまくやれているが，自分の人生からさらに得るものがあると感じている人
2. 自分の潜在能力を発揮したいと考えている人

**予　防**
1. 問題の発生を防ぐために行動を起こす必要があると警告されたことのある人

**心 理 教 育**
1. セラピーを受けてみようと思うが，取り組む前にまずは試して

みたい人

2. 自分の問題を，CBT でどう扱うのかについてアドバイスを求めている人

3. セラピーを受けることに消極的で，1 回のセッションにしか参加できない人

4. 異なる立場からセラピーに関わるのが，どのようなことかを知りたいセラピーの研修生

## その他の事情

1. セラピーを受けているクライエントで，セカンドオピニオンを求めている人（または，セラピーへの意見を求めているセラピスト）

2. 継続的なセラピーを受けているクライエントで，セラピストが解決できない，または援助しようとしない問題について，短期間の援助を求めている人

3. 聴衆の前で実演するセッションにボランティアで参加する人

4. ビデオに録画される実演セッションにボランティアで参加する人

5. 短期間の CBT に適している人は，SSI-CBT にも適している可能性がある（Safran, Segal, Vallis, Shaw & Samstag, 1993 参照）

## SSI-CBT は誰に適していないのか？

さらに，本書の初版では，次のような人は SSI-CBT を役立てることが難しいと述べた。

1. セラピストとすみやかに打ち解けたり，信頼したりすることが難しい人

2. 継続的なセラピーを希望する人

3. どのような CBT も希望しない人

4. 継続的なセラピーが必要な人

5. 漠然とした不満はあるが，具体的には言えない人

6. セラピストから見捨てられたと感じる可能性の高い人

7. 短期間の CBT に適さない人は，一般的に SSI-CBT にも適さない（Safran et al., 1993）。次の章で，問題と目標の両方に焦点を当てることが重要だという SSI-CBT の前提について述べる

## 適用に関する現在の私の立場

本書の初版（Dryden, 2017）で上のことを書いた当時を振り返ると，私は明らかに，その人にとって最適な治療法を決定するために，アセスメントに多くの時間を割くという，いわゆる「従来の臨床的なマインドセット」（conventional clinical mindset）で動いていた。私は，SSI-CBT に適した人か，適さない人なのかを判断するために，その人がどのような人であり，またどのような人であるのかを判断するために単回のアセスメント・セッションを開発していたことを思い出した。これには，いくつかの理由から問題がある。

第 1 に，セラピストは，1 セッションのセラピーを受けるのが誰で，より回数の多いセラピーを受けるのは誰か，誰に SST が役に立って誰には役に立たないのかを判断することが得意ではない（Young, 2018）。むしろ，SST が役に立つ人を発見する唯一の方法は，その人に単回のセッションを提供して，役に立つかどうかを確かめることだ。このように，セラピストが SST への入り口となる適用の基準を設定する意味はない。なぜなら，シングル・セッションのサービスを利用する妨げになるからである。

第 2 に，一般的に SST では，妥当性や信頼性の不明瞭な，適用

に関するアセスメントに時間を割くよりも，最初からセラピーを始めることがベストである。この2点は，「シングル・セッション」マインドセットと呼ばれるものの中心的な特徴である（Young, 2018）。以下の引用は，SSTのすべての文献の中で私が一番気に入っているものだ。これはとくにウォークインSSTに関するものだが，そのメッセージはSSI-CBTを含む，SSTの分野全般に当てはまる。この言葉は，適応の問題について，私が慣習的な臨床的な考え方からシングル・セッションの考え方にシフトするうえで助けになった。

> ［ウォークイン・セラピーは］……クライエントが自分の望むときに，メンタルヘルスの専門家と会うことができるようにするものである。お役所的な手続きも，トリアージも，インテークのプロセスも，ウェイティングリストも待ち時間もない。正式なアセスメントも，正式な診断のプロセスもなく，1時間だけ，クライエントの希望に沿ったセラピーが行われる……また，ウォークイン・セラピーでは，予約の取り忘れやキャンセルがないために効率もよい（Slive, McElheran & Lawson, 2008: 6）。

私はこの引用から2つのことを学んだ。第1に，ウォークイン・クリニックで提供されるシングル・セッション・セラピーを受けに来るのを決めるのはクライエントだということだ。専門家はこれについて何も言えない。クリニックにやってくる人を止めることはできない。そのため，受け入れや除外の基準を定める必要はない。第2に，治療がクリニックに到着した直後から始められることを知った。これらの点に私は納得して，SSI-CBTで重要なこと，つまり，クライエントがセッションから最大限の利益を得られるようにセッションを構造化することに焦点を当てるようになった。

単回のセッションではクライエントの役に立たないとわかること
があるかもしれないが，SSI-CBT や他の SST のアプローチにおける
安全策として，必要があればさらにセラピーが受けられる。つまり，
単回のセッションを受けたことで，その人はより適切なサービスに
アクセスできるようになる。結果として，私は次の 2 つを信じるよ
うになった。

1. SSI-CBT が役に立つ人と役に立たない人をアセスメントする最
　　善の方法は，その人が単回のセッションを受けることである。
2. その人がさらに助けを必要とするなら，単回のセッションを受
　　けることで，クライエントとセラピストの両方が，機関や個人
　　開業の専門家が提供するサービスの中から，その人に最適な支
　　援の形を決めることができる。関連機関や他の個人開業の専門
　　家が提供するサービスを紹介する可能性も，ここでは考えてお
　　く必要がある。

　現在私は，希望する人には SSI-CBT を喜んで提供するが，希望す
る人はこのサービスの性質を十分に理解しておかなくてはならない。
そこで，予約を入れる前に，私は次のように伝えている。

　「シングル・セッション・セラピーはあなたを援助し，あな
たが援助を求めている問題に焦点を当てて，あなたがセッショ
ンに求めるものを持ち帰れるように計画されます。もし，さら
に援助が必要な場合は，それを利用することができます。SST
で私がおもに用いるのは認知行動療法ですが，実践では柔軟に
対応しますので，他の治療アプローチも活用します。」

SST やどのような CBT も望まない人には，SSI-CBT を提供しない。つまり，SSI-CBT はクライエントにインフォームド・コンセントを行ったうえで進められるので，倫理的なアプローチだといえる。

この章では，SSI-CBT に適したクライエントについて，私のこれまでの立場を紹介した。またそこから移行した現在の私の立場について述べた。次の章では，SSI-CBT の問題焦点的，解決焦点的，目標焦点的な特徴を述べる。

# 9章

# SSI-CBT では，問題，目標，解決に焦点を当てることを重視する

2 章で簡単に述べたように，SSI-CBT は，シングル・セッション・セラピーの問題焦点型，解決焦点型，目標焦点型のアプローチとしては一番だと考えられている。SSI-CBT は，たとえば，解決焦点型のセラピーに基づくシングル・セッション・セラピーとは異なり，クライエントを問題から引き離して，その代わりに解決策や望ましい将来に向かわせようとする。

## 問題への焦点づけ

SSI-CBT で問題を検討するとき，クライエント中心型のワークであることに留意すべきである。よって，もしクライエントが特定の問題について援助を求めているなら，そうしないだけの正当な理由がない限り，その問題に焦点を当てるべきである。私はこれを，クライエントの「提示した」（nominated）問題と呼んでいる。もし，クライエントが複数の問題について支援を求めている場合は，1 つを選ぶように促すべきである。通常，それはクライエントの最も気がかりな問題だが，そうでない場合もある。クライエントが提示した問題をアセスメントするとき，できれば，その問題の具体的な例と一般的な特徴の両方を理解する必要がある。問題の具体例に焦点

を当てすぎると，クライエントはその例から学ぶことを一般化できない。同様に，もしあまりにも一般的なレベルでその問題に焦点を当てると，問題のアセスメントや探索に，感情を伴って取り組むようにクライエントを援助することができない。

　私としては，できれば，提示された一般的な問題とその具体例を明らかにするのが最善だと思う。以下がその例である。


**提示された一般的な問題：私は身近な人にこき使われる。**

**具体的な例：この前，おばの家に行ったとき，彼女にこき使われた。**


### 「AC」に基づく問題への焦点づけ

　クライエントが問題を提示し，それを一般的な文脈と具体的な文脈とに位置づけるように手助けしたら，問題の性質（つまり，クライエントの感情や行動の反応）と，その人が困難な状況のどこに反応しているのかを理解する過程に，クライエントと一緒に取り組む必要がある。SSI-CBT では，これは，CBT のセラピストとしてのあなた自身の意見を提供するとともに，クライエントからこの問題についての見解を求めることである。5 章で述べたように，ほとんどの CBT のセラピストは，クライエントの問題をアセスメントするときに，「ABC」の枠組みを使っている。この「ABC」の枠組みは，セラピストによって使うバージョンが異なるので，ここでは説明のために一般的なものを述べる。このバージョンでは，「A」は困難な状況を，「B」はクライエントの信念や思考を，「C」は困難な状況に対する本人の感情的な反応や行動的な反応を表す。その人の感情的な問題（「C」のところ）は，その人がどのような種類の困難な状況に直面しているのか，あるいは直面していると考えているのか

を示すことを5章から思い出してほしい。SSI-CBTのセラピストとして問題に焦点を当てるとき，この枠組みの「A」と「C」の要素を効果的に利用することになる。「ABC」の枠組みの認知的な要素については，このプロセスのもう少し後で焦点を当てる。SSI-CBTの有能なセラピストは，どのような困難な状況がどのような感情を伴う傾向にあるのかを学び，これを手がかりとして，クライエントが提示した問題に焦点を当てる（4章参照）。次の対話ではこのことを説明している。

> クライエント：言うことを聞かないと，おばの機嫌が悪くなるのではと怖くて，つい言うことを聞いてしまうのです。
> セラピスト：おばさんを怒らせることの何が怖いのですか？
>
> （ここでセラピストは，人が怖がるということは，自分の個人領域を脅かす何かがあると推測しているからだ，という知識を利用している。）
>
> クライエント：そうですね，もし彼女を怒らせたら，自分を苦しめることになります。
> セラピスト：罪悪感で？
> クライエント：そうです。
>
> （ここでもセラピストは，クライエントが誰かの感情を損ねることを問題視したときにどのような感情が示されるのかという知識を使っているが，この知識を介入の手がかりにも用いる。）

「ABC」の枠組みの「AC」という要素をどの程度，決まったやり

方で使う必要があるのかについては議論の余地がある。これはセラピストとしてのあなたのスタイルの問題でもあるが，クライエントにとって，この枠組みを使うことにどれだけ価値があるのかということにもよる。

　もし上述のセラピストが，クライエントの提示した問題について「ABC」の枠組みの「AC」という要素を決まったやり方で使った場合，次のようになるだろう。

「A」：おばを怒らせること
「B」：まだわからない[注1]
「C」（感情的）：罪悪感
　　　（行動的）：自分のための行動をとらない

# 目標への焦点づけ

　2章で簡単に述べたように，SSI-CBT では，セッションの目標と問題に関する目標を区別している。理想をいえば，セッションの目標を達成することが，クライエントの問題に関する目標を達成するのに役立つはずだとクライエントにわかってもらうようにすべきだ。これは，クライエントが問題に関する目標を設定することを手助けしてからでないとできない。

### セッションの目標

　セッションの目標は，その言葉が示すように，クライエントがセッションの終わりまでに達成しようとして自分で定める目標である。あなたは，その人が話し合う問題を選んだ後，つまり，セッションのはじめにそれについて尋ねることができる。

以下は，セッションの目標の例である。この対話では，SSI-CBT
のセラピストが目標について尋ねるときに使うことが推奨される質
問を紹介している。

> セラピスト：今夜，私たちの会話を振り返ったときに，私に会
> 　いに来た甲斐があったと思うには，どんなことを達成したら
> 　よいでしょう？
> クライエント：おばのように私を動揺させる人に対処するため
> 　のツールを学ぶことです。

　SSI-CBT のセッションの目標を尋ねる質問への返答として，クラ
イエントが，問題に対処するためのツールが欲しい，問題をもっと
よく理解したい，物事を違う角度から見てみたい，と述べることが
よくある。私は，このような発言を解決策の兆しだと考えている
(後述する)。

### 問題に関する目標

　クライエントがセッションの目標を設定するのを手助けし，クラ
イエントが提示した問題の性質を理解したら，次の段階は，クライ
エントがその問題に関する目標を設定するのを手伝うことである。
これはすぐに難しいことだとわかる。とくに目標について質問され
たとき，クライエントは通常，否定的感情を感じないこと，あるい
は肯定的なやり方で行動することだと答えるだろう。クライエント
が普通，自分の問題に現れる困難な状況について述べることはない。

> セラピスト：それであなたは，言うことを聞かないとおばさん
> 　の機嫌を損ねて，罪悪感をもってしまいそうだから，おばさ

んのような人の言うことを聞いてしまうのですね。それで合
　っていますか？
クライエント：そうです。
セラピスト：私とこの問題を話し合って，達成したいことは何
　でしょうか？
クライエント：私は自分のために行動したいのです。

**（ここで，クライエントは自分の目標について肯定的な行動を述べ
た。しかし，おばを怒らせた状況にどう対処するかについて，目標を
定めていないことに注意が必要である。現時点では，クライエントは
そうすることに罪悪感を抱いていて，罪悪感を避けるために譲歩して
いる。そこで，セラピストは巧妙に振る舞わなければいけない。つま
り，クライエントの述べた目標〔自分のために行動する〕に連動させ
ておばの〔そして他人の〕感情を損ねることに関連した目標の設定を
手助けするのである。）**

　このように，問題に関わる困難な状況について目標で触れられて
いないときに，クライエントが困難な状況に直面したときの目標を
設定するのを手伝うことは，本人の述べた目標の達成を手助けする
以前に重要なことである。上記の例について，セラピストは次のよ
うに進める。

セラピスト：わかりました，あなたは自分のために行動したい
　のですね。それについてお手伝いします。でも，あなたが自
　分のために行動しようとするとき，おばさんみたいな人の機
　嫌を損ねてしまうのではと思って罪悪感をもつようですので，
　彼女の機嫌を損ねることに対して感情的にうまく対処できる

ように，まずお手伝いするのがよいのではないでしょうか？

クライエント：はい，それはもっともですね。

セラピスト：それで，あなたにとって，人の機嫌を損ねるのは否定的なことですが，それが自分を守る妨げにならないように，否定的感情を経験するようにお手伝いする必要があります。

クライエント：人の機嫌を損ねないで，自分のために行動できるように手助けしてもらえませんか？

（これはよくあることだ。クライエントは，困難な状況に直面せずに目標を達成する方法を見つけたいのである。残念だがこれは不可能で，どれほどうまく自分のために対処しても，相手はその人に腹を立てるかもしれない。）

セラピスト：そうですね，たしかに私は，他の人があなたに腹を立てる機会が最小限になるように，あなたが自分のために行動するのを手伝うようにします。でも，その可能性をゼロにできるでしょうか？

クライエント：無理だと思います。

セラピスト：他の人があなたに腹を立てても，あなたが自分のために行動するのをやめないでいられるように，手助けをすることに意味があると思いますか？

クライエント：はい。

セラピスト：前に言いましたが，あなたにとって人を怒らせるのは否定的なことなので，あなたは否定的感情を経験しますが，それが自分のために行動することをやめさせないようにお手伝いする必要があります。それで合っていますか？

クライエント：合っています。

セラピスト：おばさんのような人の機嫌を損ねることへの罪悪感が，あなたが自分のために行動するのを止めています。そのような人たちの機嫌を損ねることについて，どのような感情なら否定的ではあっても，あなたが主張することを妨げないのでしょうか？

クライエント：申し訳ないとは思うけれど，罪悪感はもたないこと。

セラピスト：素晴らしいですね。では，まずそのお手伝いをしましょうか？

クライエント：はい，できればお願いします。

## 「AC」に基づいた問題に関する目標への焦点づけ

「ABC」の枠組みにおける「AC」の要素を手がかりに，セラピストはクライエントの提示した問題に焦点を当てると前に述べた。これはまた，提示された問題に関連するクライエントの目標にセラピストが焦点を当てる手がかりにもなる。セラピストは，「A」を避けるよりむしろ「A」という困難な状況に関わる目標を，クライエントに確実に設定してもらう。上の例では，クライエントが目標設定から，困難な状況を除外しようとするときに，セラピストがどう対応するかを示している。

もし，上記のセラピストが「ABC」の枠組みにおける「AC」の要素を決まったやり方で利用していたなら，以下のようになっただろう。

「A」：おばを怒らせること
「B」：まだわからない注2

> 「C」(感情的)：罪悪感よりも申し訳なさ
>
> 　　　(行動的)：自分のために行動すること

# 解決への焦点づけ

　2章では，解決策を「[クライエントが] 問題に効果的に取り組み，目標を達成するために役立つもの」と定義した。この解決策にはいくつかの要因がありえるが，セッションにおいてクライエントが解決策を構築するのを援助するときに，次のことを心に留めておく必要がある。

・良い解決策を構成するものは何か，ということに関するクライエントの見解
・CBT に基づくアセスメントで決まる，何が良い解決策を構成するのかについての SSI-CBT セラピストとしてのあなたの見解（10 章と 11 章参照）
・クライエントの強みと価値（13 章参照）
・適切な外的資源（13 章参照）
・提示された問題に対処しようとするクライエントのこれまでの試みの中で役に立ったこと
・クライエントが他の問題（提示された問題に関連するものとしないものとの両方）に対処しようとしたときに役に立ったこと

図に示すと次のようになる。

SSI-CBT において，クライエントが解決策を開発するのを援助するという重要なトピックについては，25 章で述べる。

この章では，セラピストが SSI-CBT で用いる 3 つの焦点，つまり，問題への焦点，目標への焦点，解決への焦点について述べた。次の章では，SSI-CBT における問題のアセスメントとケースフォーミュレーションの役割について述べる。

**注釈**

1 「B」については，まだわからないことに留意する。この部分は，提示された問題と，その提示された問題に関する目標が特定され，合意された時点でアセスメントされる（10 章と 11 章を参照）。

2 「B」については，まだわからないことに再度留意する。前と同様，この部分は，クライエントの提示した問題とその問題に関する目標が特定され，合意された時点でアセスメントされる（10 章と 11 章を参照）。

# 10章

# クライエントの提示した問題について，ケースフォーミュレーションの原則に基づき十分なアセスメントを行う

　前の章では，SSI-CBT のセラピストとして，クライエントの提示する問題とこの問題に関する目標を明らかにするために，5章で紹介した「ABC」の枠組みにおける「AC」の要素をどう使えるのかを述べた。この章では，SSI-CBT におけるアセスメントとケースフォーミュレーションの役割について説明する。私の考えでは，セラピストであるあなたは，クライエントの提示した問題について，ケースフォーミュレーションの原則（クライエントの問題を説明するメカニズムをより広い視点から理解することを意味する）に基づいて，包括的なアセスメントを行う必要がある。しかしあなたには，ケースフォーミュレーションを行う時間はないし，また，その必要もないと私は考えている。

　アセスメントとケースフォーミュレーションを，SSI-CBT の他の課題との関係において理解することが重要である。SSI-CBT にケースフォーミュレーションが適しているとあなたとクライエントが合意したのなら，次のように進める必要がある。(1) クライエントの提示した問題を特定して合意する。(2) この問題に関するクライエントの目標を特定して合意する。(3) 問題をアセスメントして，その問題が継続している理由を説明するメカニズムをフォーミュレー

ション（定式化）する。(4) 変化を促す対象として重視されるもの
を特定する。(5) この重視されるものが効果的に変化するようにワー
クを行う。(6) セッション内で何か意味のあるやり方で，変化に
向けたリハーサルを行うようクライエントに勧める。このプロセス
を通して，あなたがクライエントに提供すべきこととクライエント
の強みとを一致させる必要がある。SSI-CBT は時間が限られていて，
すべては行えないので，何を行い，何を省くかを決める必要がある。
この点に関するあなたの判断は，クライエントによって異なり，ク
ライエントが SSI-CBT で何を達成したいのかによって決まる。

## 「ABC」の枠組みにおける「B」のアセスメント

　あなたとクライエントが，クライエントの提示した問題の特徴と
この問題に関する目標の両方を特定し，その理解を助けるために，
「ABC」の枠組みの「A」と「C」をどう使えるかについて，前の章
を参考に思い出してみよう。これを行うことで，「B」のクライエ
ントの認知をアセスメントする準備ができる。
　「B」をアセスメントするとき，どの認知活動に焦点を当てるの
かは，CBT のセラピストによって考えが異なる。たとえば，ア
ーロン・T. ベックの考え方に従う人は，否定的自動思考（negative
automatic thought: NAT）と，「if-then」の形で表現されることの多い媒
介信念，そして中核的なスキーマを特定する。一般に，この種の継
続的な CBT においてセラピストは，より表面的なレベルの NAT か
ら媒介信念へ，そこから中核的なスキーマへとゆっくり移行して
いく。しかし，SSI-CBT では，このようなゆっくりしたペースでの
アセスメントは不可能なので，ベック派の CBT セラピストが SSI-
CBT を実践する際には，何に焦点を当てて何を省略するのかを判

断する必要がある。

　アクセプタンス＆コミットメント・セラピー（Acceptance and Commitment Therapy: ACT）を実践しているセラピストは，クライエントが苦戦している思考に焦点を当てる。CBT のこのやり方では，思考そのものよりもクライエントが思考と闘っていることが問題だと見なす。よって，ACT のセラピストは，認知を変えるという観点ではなく，クライエントがこのような認知を変えようとしたり，排除しようとするメカニズムをアセスメントするという観点で認知の特定を試みる。

　私のシングル・セッション・セラピーのアプローチをここでは SSI-CBT（WD）と呼んでいるが，これまで述べたように，これは論理情動行動療法（Rational Emotive Behaviour Therapy: REBT）の創始者であるアルバート・エリスの考えに基づいている。この CBT のアプローチでは，感情的な問題や行動的な問題は，一連の硬直した極端な態度に支えられているという仮説があり（Dryden, 2021e），私はこの理論的な観点に従って「B」の認知を評価する。

　CBT の主要ないくつかのアプローチの違いを理解したうえで，次の点に注意することが重要だ。一般的に SSI-CBT を実践する場合，そしてとくに認知のアセスメントを行うときに，柔軟で多角的なマインドセットとアプローチを身につけておくことが大切である。私の場合，自分の考え方は，クライエントの感情や行動の問題は，硬直した極端な態度に支えられているという観点に影響を受けているので，もしある特定のクライエントがこの観点を受け入れず，たとえば，機能不全に陥った認知との闘いだと考える ACT の立場により共感するのなら，私はこの考え方に基づいて進める。なぜなら，SSI-CBT では，両方の立場のメリットとデメリットについて話し合うだけの時間がないからだ。さらに私の考えでは，SSI-CBT におい

て，そして，他の SST のアプローチでもそうだと思うが，効果的な作業同盟をすばやく構築して維持することが欠かせない。これはその場面では，認知とクライエントの提示した問題との関係について，クライエントの視点に沿って進めることを意味する（3章と7章を参照）。

## ケースフォーミュレーションの位置づけ

CBT におけるケースフォーミュレーションのアプローチは，CBT における問題のアセスメントとは異なる。前者では，クライエントが支援を求めている問題を説明するために一連のメカニズムが提唱されるが，後者では，それぞれの問題が有するメリットに基づいて理解される。継続的な CBT では，セラピストは，介入前に完全なケースフォーミュレーションを行うことを望むかもしれない。SSI-CBT では，これを行うだけの十分な時間がない。しかし SSI-CBT では，セラピストは，クライエントの提示した問題の具体的な側面と一般的な側面の両方に取り組まなくてはならない。特定の側面を強調しすぎて一般的な側面に焦点を当てないと，セラピストは特定の問題の維持に影響している可能性のある，より一般的なメカニズムを発見できないかもしれない。逆に，一般的な側面を強調しすぎると，クライエントの提示した問題に対して，セラピストが十分に手助けできないかもしれない。

SSI-CBT における私のアプローチは次の通りである。クライエントの提示した問題のアセスメントを行い，より広い視点からその問題を理解する必要があるときに，私は以下のような要因のいくつかについて尋ねる。

・「A」という困難な状況で，クライエントの困難がどの程度一般的なのか（提示された問題における困難な状況からクライエントが学んだことを，同じように困難な状況に対して一般化する方法を示唆できる可能性があるので，これを尋ねる）
・クライエントがその問題を避けようとする方法
・クライエントが自分自身の安全を確保するための行動の仕方
・クライエントが経験を排除しようとする方法
・クライエントが自分の気分を良くしようとする方法
・アルコールや食べ物，飲み物に関するクライエントの問題のある使い方
・提示された問題に対するクライエントの反応
・クライエントがその問題を有していることに対する過剰補償の方法
・その問題を有することで，どのような利点があるとクライエントは考えているのか
・クライエントは自分の提示した問題に，他人をどのように巻き込んでいるのか
・目標を達成することで，その人が失う可能性のあるもの

　ここまで述べてきたように，どの程度ケースフォーミュレーションができるのかは，クライエントによって，また，あなたの自由に使える時間によって異なる。しかし，SSI-CBT では介入前に，十分なケースフォーミュレーションを行えないことを，再度伝えておく。それを行うには時間が足りないのである[注1]。

　この章では，提示された問題をアセスメントすること，そして，「ABC」の枠組みの「B」を特定することの重要性について述べた。

異なる CBT のセラピストが異なるやり方で「B」をアセスメントすることを指摘した。また SSI-CBT では，十分にケースフォーミュレーションを行う時間はないけれど，クライエントの提示した問題についてその人を支援する際に，そのようなフォーミュレーションの重要な側面を活用できる。次の章では，SSI-CBT における中心的メカニズムを特定して，働きかけることが可能だという前提で話をする。

**注釈**

1　ただし，この問題に関する別の見解については，ジェンキンス（Jenkins, 2020）を参照。

## 11章

# SSI-CBT では，クライエントの問題の中心的メカニズムを特定して対処することを支援できる

## 中心的メカニズムを見つけて対処することの重要性

シングル・セッション・セラピーで難しいのは，セラピストであるあなたがクライエントを手助けして，提示された問題に効果的に対処し，目標に近づくために何か意味のあるものを確実に持ち帰ってもらうことである。もっとも，クライエントの持ち帰るものが，持続するかどうかを気にかけておくのは一番大切だ。クライエントの提示した問題のもとにある中心的メカニズムと私が呼ぶものを特定して，対処することを支援するなら，それができるだろう。SSI-CBT では認知的要因と行動的要因を重視しており，この中心的メカニズムは認知的なものだが，クライエントが「問題」モードのときになぜそのように行動するのかを説明する際にはおそらく行動にも言及する。また，クライエント自身が，もっともだと思える認知的な代替案が求められる。そのためには代替案を考えて，目標指向的でより建設的な行動をとることが必要だ。以下は，私の SSI-CBT（WD）における実践例である。

バリーはテスト不安への援助を求めて私に SSI- CBT を依頼

した。彼がテストで最も恐れていたのは，しっかりと考えられずに，最後には頭が真っ白になってしまうことだった。彼はまた，対人場面でも同じような恐怖を感じ，そうなるのが心配で，人を避けることが多かった。人というのは，通常，彼が魅力を感じる女性たちである。彼の提示した問題はテストを受ける不安だったが，彼の脅威の一般的な特徴，つまり，頭が真っ白になることが，その中心的メカニズムを示していた。テストの場面で頭が真っ白になることに関する考えに変化を促せるなら，彼の助けになるかもしれないと私は考えた。どちらの場面でも問題のもとになっている中心的メカニズムは，頭が真っ白になるのは自分がバカだということを意味していて，それを自分にも他人にも隠す必要があるということだ。テストに対しては過剰な準備をして，対人場面では魅力的な女性と話すのを避けていた。中心的メカニズム（つまり，「私はバカだ」）が，それに代わる意味体系の手がかりとなったので，セッションでは，検討と変化に向けてこの自己評価に焦点を当てた。これに取り組むことで，新しい意味体系（バリーの場合，「頭が真っ白になるのは人間だからであって，これを隠す必要はない」）を示す代替行動が明らかになった。

中心的メカニズムを特定して，それに対処する一番よい機会をもたらすために，あなたはクライエントの提示した問題の中核に焦点を当てるが，クライエントも同じようにするためには手助けが必要であり，焦点を当てたところにクライエントがとどまるように，クライエントの話を中断する必要が生じるかもしれない。その可能性があると事前に説明し，クライエントに許可を求めておくことをお勧めする。

# SSI-CBT (WD) における中心的メカニズム
## ——理論主導のセラピーとオープンマインドの例

　このセクションでは，私がSSI-CBT（WD）と呼ぶSSI-CBTへの私のアプローチにおいて，中心的メカニズムを特定し，それを扱うようにクライエントを手助けする際，REBTの理論をどのように利用するのかを解説する。

　REBTの理論では，人は困難な状況に自分の願望（desire）を持ち込むが，その願望の柔軟性を保てれば（柔軟な態度と呼ばれる），困難な状況に建設的に対処できるという考えを提唱しているので，私はこの理論が，シングル・セッション・セラピーに役立つと考えている。しかし一方で，これらの願望を硬直化させると（硬直した態度と呼ばれる），人は混乱して，その結果，困難な状況にうまく対処できなくなる（Dryden, 2021e）。よって，私の治療上の課題は，クライエントに困難な状況に対応するときの自分の願望に気づいてもらい，その柔軟性を保つように促すことである。

　REBTの理論では，その他に，困難な状況に対して柔軟な態度をとる人は，それに建設的に対処する際の助けになる3つの極端ではない態度のうち，1つ以上をもつことが多いと考えられている。つまり，最悪ではないと考える態度（non-awfulising attitude; たとえば「この状況はひどいものだが，最悪ではない」），耐えられるという態度（bearability attitude; たとえば「この困難な状況に耐えるのは難しいことだが，耐えることができるし，耐えるだけの価値がある。だから，喜んでそうしているし，またそうするだろう」），自己，他者，世界を無条件に受容する態度（unconditional acceptance attitude; たとえば「この困難な状況が起きたのは悪いことだが，自分自身／他者／世界は悪ではなく，善と悪，

そして中立とが複雑に混ざり合うものなので，私は自分自身／他者／世界を受け入れることができる」）である。一方，硬直した態度をとる人は，困難な状況に対する非建設的な反応を支える3つの極端な態度のうち，1つ以上をもつ傾向がある。つまり，最悪だと考える態度（awfulising attitude; たとえば「この困難な状況はひどいことだ，だから最悪だ」），耐えられないという態度（unbearability attitude; たとえば「この困難な状況に耐えるのは難しいことであり，自分は耐えられない」），そして自己，他者，世界の価値を下げる態度である（devaluation attitude; たとえば「この困難な状況が起きたのは悪いことであり，自分自身／他者／世界は悪なのだ」）。私の治療上の課題は，ひどい，難しい，悪いという各々の評価がもっともであることをクライエントが認めて，極端ではない態度をもつように支援することである。

**表 11.1 REBT の理論は，クライエントが中心的なメカニズムを特定し，それに取り組むことを援助するために用いられる —— 硬直した極端な態度 vs. 柔軟で極端ではない態度**

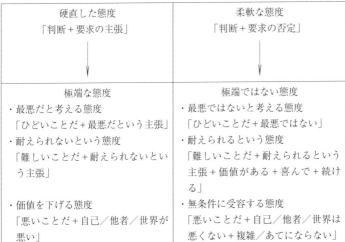

| 硬直した態度<br>「判断＋要求の主張」 | 柔軟な態度<br>「判断＋要求の否定」 |
|---|---|
| ↓ | ↓ |
| 極端な態度 | 極端ではない態度 |
| ・最悪だと考える態度<br>「ひどいことだ＋最悪だという主張」 | ・最悪ではないと考える態度<br>「ひどいことだ＋最悪ではない」 |
| ・耐えられないという態度<br>「難しいことだ＋耐えられないという主張」 | ・耐えられるという態度<br>「難しいことだ＋耐えられるという主張＋価値がある＋喜んで＋続ける」 |
| ・価値を下げる態度<br>「悪いことだ＋自己／他者／世界が悪い」 | ・無条件に受容する態度<br>「悪いことだ＋自己／他者／世界は悪くない＋複雑／あてにならない」 |

関係する REBT の理論の最後の説明として，先ほども少し触れたが，次のようなものがある。人が困難な状況に対して，柔軟で極端ではない一連の態度をもっている場合，その困難な状況で健全な否定的感情を経験し，それに対して建設的に行動し，その結果，バランスのとれた考え方をするようになる。逆に，同じ困難な状況に対して，ある人が一連の硬直した極端な態度をとるなら，その状況に対して，不健全な否定的感情をもつ傾向があり，その結果，非常に歪んだ考え方をするようになる。

この理論をまとめると，表 11.1 のようになる。

## SSI-CBT (WD) の事例

スーザンとのシングル・セッションで，私がどのように REBT の理論を用いたのかを説明する。

スーザンは学生で，大学のいくつかのプロジェクトを先延ばしにしており，この問題について SSI-CBT を希望した。先延ばしを克服して作業にとりかかることができれば良い成績で学位をとれるので，そうすることが目標だと彼女は述べた。私は，このプロジェクトにとりかかる前にどのような条件が必要だと思うのかをスーザンに尋ねて，彼女に自分の中心的メカニズムに焦点を当てるように促した。彼女は作業にとりかかる前に，(1) やる気を感じることと，(2) 良い成績がとれるとわかっていること，と答えた。もし彼女にやる気があって，最低でも「B」をとれるという確信があれば，彼女は作業にとりかかるのだろう。この状況へのスーザンの対応は，自分を奮い立たせ，良い成績をとれると自分に言い聞かせるという，短期的に

しか通じない方略だった。

　私たちが作成した「ABC」のアセスメントは，次の通りである。

「A」＝やる気がなくて，良い成績をとれるかどうかわからない

「B」＝やる気を感じて，良い成績をとれることがわかっていないといけない

「C」＝先延ばしにする

　治療における私の課題は，作業を行う前の動機づけと結果への自信に関するサラの願望，それ自体は障害ではないと彼女にわかるように手助けすることだった。もしこれらの条件への彼女の願望に柔軟性があれば，やるだけの理由はあるのだから条件が整っていなくても作業を始めるだろう。彼女がこれを受け入れたので，私たちは，彼女の心に訴えかけて行動を促すような，この中心的メカニズムを思い出させる手がかりを探した。スーザンの目標志向型の「ABC」は次のようなものだった。

「A」＝やる気がなくて，良い成績がとれるかどうかわからない

「B」＝作業に取り組むやる気があり，良い成績がとれるとわかっているのはよいことだが，自分の願望を満たす必要はない

「C」＝作業を始める

クルト・レヴィン（Lewin, 1951）の有名な言葉，「良い理論ほど実用的なものはない」のように，SSI-CBT の中心的メカニズムを特定しようとクライエントを援助するとき，理論に導かれることは重要である。そこで私は，SSI-CBT（WD）でクライエントが中心的メカニズムを特定して，それを扱うことを援助する際に，REBT の理論が私の実践をどのように導くかを概説した。しかし，シングル・セッションのワークにおける私の実践を導く，もう 1 つの同じくらい重要な原則は次の通りである。つまり，もしクライエントに REBT の理論が役に立たないことがわかれば，私はそれを使い続けない。むしろ，私はオープンマインドであり，中心的メカニズムに関するクライエントの見方に従ってこの原則を用いる。このように，私がオープンマインドでいることで，私とクライエントの間の作業同盟は維持される（3 章参照）。

　この章では，問題のもととなっている中心的メカニズムを可能ならば特定し，クライエントがそれに取り組むのを手助けする重要性について述べた。次の章では，困難な状況に対するクライエントの最初の反応よりもその反応への対応の方が重要だという，SSI-CBT の前提について考える。

# 12章

# クライエントの最初の反応そのものよりも，最初の反応に対するその後の対応の方が重要なことが多い

## 導　入

セラピーを受けに来る人は，それがシングル・セッション・セラピーであっても，継続的なセラピーであっても，自分の問題やそれに関わる機能不全のプロセスを取り除きたいと望んでいることが多い。ACT（アクセプタンス＆コミットメント・セラピー）の実践者は，しばしば，これらのプロセスに対する私たちの対応が，プロセスそのものよりも問題だと指摘する。したがって，問題かどうかを決めるうえで，最初の反応よりも，最初の反応へのその後の対応の方が重要である。

### 用語に関する注意

この章でも他の章でも，私はクライエントの困難な状況に対する最初の反応を「反応」（reaction）と呼び，この反応に対する後の方の反応を「対応」（response）と呼ぶことに注意してほしい。私はこのように区別している。なぜなら，困難な状況に対するクライエントの最初の反応は自動的であることが多く，一方，それに続く対応の方がより重要な可能性が高いからだ。

## 最初の反応に対するその後の対応 ── 1. 問題のある認知

　たとえば，運転免許試験に不合格で落ち込み，「私はダメだ」という思考／信念があると報告する人を考えてみる。この思考／信念は，試験に落ちたという困難な状況に対するその人の最初の反応と見なすことができる。アクセプタンスとマインドフルネスに基づくセラピストはクライエントに，この思考とこれに関連する感情に気づいて，それを受け入れ，価値に基づいた生き方に取り組むように促す。このように気づき，受け入れ，行動することは，最初の反応である「私はダメだ」に対するその後の対応と見なされる。

　機能不全の認知プロセスを修正するように援助することに意味があると考える CBT のセラピストも，その人に問題があるのかどうかを考えるうえで，最初の反応よりも最初の反応に対するその後の対応を重視している。この例で，そのようなセラピストもまた，「私はダメだ」という思考／信念を，クライエントの最初の反応だと見なすだろう。しかし，このセラピストは，その思考に実用的な価値や経験的な裏づけがあるかどうかを検討するようにその人を促す。運転免許試験に落ちたことへの反応であるそのような思考／信念の論理に疑問をもつように促すかもしれない。修正を重視する CBT を行うセラピストは，この検討や疑問のプロセス，そしてそこから生まれるどのような建設的な行動も，「私はダメだ」という最初の反応に続いて生じるクライエントの対応と見なす。

　さて，クライエントの最初の反応に対するその後の対応は，良い方向にも悪い方向にもなりうる。まず，良い方から始めよう。上の例の最初のシナリオの場合，もしクライエントがアクセプタンスとマインドフルネスに基づく CBT のセラピストの提案を実践し，気

づき，受け入れ，行動するのなら，これらの対応は，建設的なものになる傾向がある。2つ目のシナリオでは，もしその人が，修正を重視するCBTのセラピストの提案を実行し，自分はダメだという思考／信念を検討し，疑問を抱き，より機能的な思考／信念に基づいて行動するなら，その後の対応は建設的なものになるだろう。

　では，クライエントの最初の反応に対するその後の対応が，悪かった場合にどうなるかを見てみよう。まず，「自分はダメだ」という思考／信念に対するその人の対応の中には，非建設的になりうるものがいくつかある。以下はその例である。

・その人はその思考／信念を真実だと見なす可能性があり，その結果，運転を学ぶ意味はないと判断して，これ以上教習を受けようとしない
・その人は，「私はダメだ」という思考をもつことを，自分に何か問題があることの証明だと考えて恥ずかしく感じる
・その人には，「自分はダメだ」という思考／信念が，運転免許試験の落第に対する落ち込みの説明に関係しているとわかっているので，それを絶対に信じないでおこうと努力する。その思考／信念がまた戻ってくると，その人は，CBTが失敗だと考えたり，あるいは，その思考／信念をまだもっている自分をダメだと考える
・その人は，「自分はダメだ」という思考／信念に対処する一番の方法は，そこから注意をそらすことだと考えている。そのようなやり方は，ごく短期的には役に立つかもしれないが，残念ながら，根本にある認知的なものがまだ影響を及ぼしているので，長期的にはその人の抑うつを維持する結果になる
・「私はダメだ」という思考／信念を考えないようにしようと

表 12.1 困難な状況へのクライエントの最初の反応に対するその後のさまざまな
　　対応

| 困難な状況 | 最初の反応 | その後の対応 | ウェルビーイングへの影響 |
|---|---|---|---|
| 運転免許試験に不合格 | 「私はダメだ」 | 受け入れ，気づき，行動 | 建設的 |
| 運転免許試験に不合格 | 「私はダメだ」 | 思考の検討，新たな思考に基づく行動 | 建設的 |
| 運転免許試験に不合格 | 「私はダメだ」 | 真実として受け入れる | 非建設的 |
| 運転免許試験に不合格 | 「私はダメだ」 | 恥に基づく自己批判 | 非建設的 |
| 運転免許試験に不合格 | 「私はダメだ」 | なくなるまで自問する：失敗への自己批判 | 非建設的 |
| 運転免許試験に不合格 | 「私はダメだ」 | 注意をそらす | 非建設的 |
| 運転免許試験に不合格 | 「私はダメだ」 | 思考抑制 | 非建設的 |

する思考抑制は，思考の頻度を増加させる傾向があるので
（Wegner, 1989），もっと頻繁にそれを考えるようになる

　これらを表 12.1 にまとめる。

　ここまでに，問題となる認知に対して人がその後どう対応するか
が，その人のウェルビーイングに建設的な影響を与えたり非建設的
な影響を与えたりすることについて述べた。そして，困難な状況に
対するその人の最初の反応ではなく，最初の反応に対するその後の
対応が重要であることを示した。

## 最初の反応に対するその後の対応 ── 2. 問題となる衝動

　最初の反応とその後の対応を区別するという考え方は，衝動や行動傾向の取り扱いに苦労しているクライエントへの支援を考える際にとくに適している。衝動を経験した人が，何かを行ってすぐに安心や満足／喜びを得ると，それで話が済んだと考えることが多い。そこで，衝動に従って行動することになる。このような人にとって，問題の解決策は，その衝動を経験しないことだ。これには，衝動を経験しそうな状況を避けることも含まれる。その状況を避けることができない場合，その人たちは，表 12.2 のようなことを行う可能性が高い。

　衝動の促す活動は，短期的には安心や満足／喜びをもたらすかもしれないが，より長期的には自滅的なものである。ここでの治療的課題は，衝動を経験すること自体は問題ではないとクライエントが理解するのを援助することである。問題は，クライエントがその衝動にどう対応するかである。アクセプタンスとマインドフルネスに基づく CBT のセラピストは，たとえクライエントが衝動に駆られても，その衝動に気づき，それを受け入れ，価値に基づいたやり方で行動するように促す。修正を重視する CBT のセラピストは，クライエントが衝動に対する健全な認知的対応を発達させるように手

**表 12.2　衝動を経験して行動するという状況を避けられないときのクライエントの最初の反応とその後の対応**

| 困難な状況 | 最初の反応 | その後の対応 | ウェルビーイングへの影響 |
|---|---|---|---|
| 衝動を経験しそうな状況に接する | 自滅的な行動を促す衝動 | 衝動に基づく行動 | 非建設的 |

表 12.3　困難な状況へのクライエントの最初の反応に対するその後の建設的な対応のための 2 つのアプローチ

| 困難な状況 | 最初の反応 | その後の対応 | ウェルビーイングへの影響 |
|---|---|---|---|
| 衝動を経験しそうな状況に接する | 自滅的な行動を促す衝動 | 気づき，受け入れ，価値に基づく行動 | 建設的 |
| 衝動を経験しそうな状況に接する | 自滅的な行動を促す衝動 | 衝動と価値に基づく行動に関する健全な認知の発達 | 建設的 |

助けする。ここで私が実践しているのは，問題となる衝動を経験するのは嬉しいことではないかもしれないが，それを経験してはいけないということではないし，衝動に駆られたくなっても，そうする必要のないことをクライエントに理解してもらうように援助することだ。多くの場合，これらのアプローチの組み合わせが有効である。これら 2 つのアプローチを図式化して，表 12.3 に示す。

　SSI-CBT のセラピストは，クライエントが最初の反応に対して何をするのか，そして，どうするとより建設的に対応できるのかを理解するために，このような図式を使うことができる。

　この章では，SSI-CBT のセラピストとして，困難な状況に対するクライエントの最初の反応に続く対応に対処するように援助する方が，最初の反応自体に対処するよりも良いということを述べた。次の章では，SSI-CBT のプロセスにおいて，クライエントのさまざまな変数を利用する重要性について述べる。

# 13章

# SSI-CBT ではクライエントのさまざまな 変数を利用することが重要である

## 導　入

　SSI-CBT の成果はある程度，セラピストであるあなたが何を提供 するかによるが，それと同じくらい，あるいは，もっと大切なのは， クライエントが何を持ち込むかである。セラピストとしてのスキル は不可欠であり，この本の大部分は，クライエントがこのプロセス から最も大きな成果を得ることができるように，セラピストがその 可能性を最大化するために何をすべきかについて述べているが，も しセラピストがそのセラピーでクライエント自身が最善を尽くすよ うに手助けしなければ，熟練の SSI-CBT のセラピストでも失敗する だろう。これらをまとめると，SSI-CBT で最も重要なスキルは，こ のプロセスでクライエントのもっているものを最大限に活用できる ように援助することだといえる。

　この章では，クライエントがこのプロセスから最大限のものを引 き出す可能性を高める，最も重要なクライエントの変数について説 明する。

# クライエントの強みと価値

　問題や弱点を特定して対処し，クライエントを支援するために，CBT が一番よく使われているが，その一方で，クライエントの強みを特定して活用することもできる。実際，パデスキーとムーニー（Padesky & Mooney, 2012）は，レジリエンスを促すために，強みに基づく 4 段階の CBT モデルを概説したが，著者らは，レジリエンス以外の資質を育むためにもこれを利用できると述べた。しかし，強みとは何だろうか？　ジョーンズ−スミス（Jones-Smith, 2014: 13）は，「強みとは，人が人生に対処するのを助けるもの，あるいは，人々の，人生をより充実させるものと定義されるだろう」と述べている。SSI-CBT でクライエントが使うことのできる強みを特定するために，理論的に使用できる強みのリストを提供している人もいるが（たとえば Buckingham & Clifton, 2014），私のアプローチでは，SSI-CBT を最大限に活用するために役立つと思われる，クライエントの考える本人の強みに焦点を当てている。

　また，SSI-CBT では，クライエントが自分の価値を特定し，それを活用できるように援助する。そのような価値の例としては，オープンマインド（open-mindeness），正直さ（honesty），忠誠心（loyalty），信頼性（dependability）などがある。あなたは，強みと価値の違いは何だろうと思うかもしれない。私は，価値はその人の目標に方向性を与えるものであり，その目標達成に向けてクライエントを支援するために強みを活かすのだと思う。そのため SST では，クライエントの強みと価値の両方が貴重な資源となる。

## 助けになる人たち

　クライエントが，これまでの人生で誰かに助けられたことを思い出すのは，役に立つ場合が多い。もし，それが本人の提示した問題と同じような領域でのことならばなお良い。その人が何をしてくれたときに助けになったのかがわかると，その知識に基づいて介入を調整することができるので，セラピストとしてのあなたの役に立つかもしれない。さらに，クライエントが他の人から提供された助けをどう利用したかを知ることも有用である。**クライエントが**，他者から提供された援助そのものではなく，その援助に対して何をしたかによって違いが生じるとクライエントがわかっておくことも必要である。さらに，クライエントが自分自身を助けるために何をしたのかを記録しておいて，プロセスの後半でそれを活かす心づもりがなくてはいけない。

## 記憶に残る自分自身を助けた場面

　クライエントが覚えている，自分で自分を助けた場面に焦点を当てて，何が役に立ったのかを特定してもらうことも有用である。これは，クライエントが自分自身に助けを求めることができるかどうかがわかるうえで役立つだけでなく，多分，クライエントがそのときに行ったことを，現在抱えている問題に適用できるかどうかを判断する際の助けにもなる。

# 役に立つ原則

　私は，人生のさまざまな局面で，母が私に「ぼうや，求めないと得られないのよ」と言ったことを覚えている。私はこの言葉を，私が人生のイニシアチブをとらなければ，人生は私が求めるものを与えないという意味だと思った。だから，私は「やってみる」必要があるのだ。のちに，私は母の原則を次のように修正した。つまり，「求めなければ得られないが，求めても得られるという保証はない」。私がつけ加えた後半のフレーズは，望めば必ず得られる，つまり頑張りさえすれば手に入ると定められた普遍的な法則などないのだ，ということを思い出させる。この改訂された原則は，2つの点で私を助けてくれた。第1に，欲しいけれど手に入らないと思っていたものを求めることを後押しし，第2に，求めたけれど手に入らなかったという状況に対処する際に役立った。

　SSI-CBT の目的にかなう，よい支援の原則には次のような特徴がある。(1) 簡潔で覚えやすい形で表現される，(2) 行動を導く，(3) できるなら困難な状況に直面したときに対処を促す，である。おわかりいただけるように，私の改訂した原則，「求めなければ得られないが，求めても得られるという保証はない」は，この3つすべてを兼ね備えている。もしクライエントが，「原則」で私が何を言おうとしているのか，その理解に苦労しているのなら，私は喜んで，上で紹介した例と SSI-CBT の目的にかなう良い原則が有する理想的な特徴の両方を共有する。

　クライエントがそのような原則を少なくとも1つはもっていることを確認したら，それを記録しておいて，そのような原則を，クライエントが自分を助けることに役立てるために，後で活用するチャ

ンスをうかがっておくとよい。

## ロールモデル

　クライエントが良いロールモデルだと思う誰かを見つけることは
有用である。できれば，その人のことを思い浮かべると，いま抱え
ている問題に効果的に対処して，目標に向かって努力しようという
刺激をくれる人であることが望ましい。良いロールモデルは，本人
が個人的に知っている人でなくてもかまわないし，その人が間違う
ことのある人だとしても，クライエントに刺激を与えられることが
一番望ましい。求めているのは，たとえば「私は X を尊敬してい
ますが，あの人のようなことができるなんて想像もできません」と
いう人ではない。そうではなくて，クライエントには「あの人にで
きたのだから，私にもできる」と思ってもらいたい。

　最も成功するロールモデルは，クライエントがよく知っていて尊
敬し，自分の味方だとわかっている人たちである。つまり，親，祖
父母，親戚，親友，教師などである。ただし，クライエントが抱え
る問題に効果的に対処するように，本人を鼓舞できる可能性のある
人を除かない方がよいだろう。

## クライエントがどう学ぶことが
## ベストなのかを理解する

　クライエントが，とくに自分の提示した問題に関連して，どう学
ぶことがベストなのかを見つけ出すことは有用である。人の学習ス
タイルを評価するいくつかの正式な方法はあるものの，これらの尺
度の信頼性と妥当性は疑問視されている（Pashler, McDaniel, Rohrer &

Bjork, 2008)。しかし，パシュラーら（Pashler et al., 2008）は，人はもし尋ねられれば，どう情報を提示されるのが好きかを答えることを見出しており，SSI-CBTで私が尋ねてみると，クライエントは個人的な問題に取り組むときに，どのように学ぶのが一番好きかをはっきりと言えることがわかった。そこで私は，クライエントがこのプロセスから最大限のものを引き出せるようにこれを尋ねて，その情報に応じて，介入を調整することを推奨する。

## 関連する外的資源を発見する

　厳密にはクライエントの変数ではないが，解決策の開発と計画についてクライエントを援助する際に，外的資源を利用することは有用である。そのような資源の例として，以下のようなものがある。

- ・クライエントの知っている人で，クライエントが問題を解決するうえで何かの形で役に立つような人
- ・クライエントの知らない人だが，クライエントが支援を求めて相談できる可能性のある人
- ・クライエントの問題解決に役立つような団体
- ・問題解決に役立つ情報を提供してくれそうなインターネットサイトや「アプリ」

　この章では，SSI-CBTにおいて，クライエントが活用するように手助けできるクライエントの重要な変数について説明した。次の章では，SSI-CBTのプロセスで役に立つクライエントの特性について説明する。

# 14章

# SSI-CBT にとって有用な
# クライエントの特性

　この章では，SSI-CBT にとって有用なクライエントの特性とは何か，という問いを考える。このような特性は他にもあるが，ここでは，最も重要だと思われる 10 の特性を挙げる。これらの特性のないことが，SSI-CBT を利用する人の障害になるべきではないが，これらの特性のあることで，クライエントは SSI-CBT から利益を得られる可能性が高まる。SSI-CBT のセラピストとしてのあなたの役目は，できる限りこれらの特性が発揮できるように援助することである。

## すぐに取り組む準備ができている

　これはおそらく最も重要な特性だが，クライエントが迅速に物事に取り組み，できるだけ短い時間で問題を解決するために必要なことを行う準備ができているということだ。人がこの準備性を示すなら，非常に短期間で多くのことを成し遂げられる。6 章で紹介したヴェラのケースを思い出してみよう。エレベーター恐怖に対するセラピーを何カ月も半信半疑で受けた結果，ヴェラは仕事を続けるためにこの問題を短期間で解決しなければならなくなった。状況の変化によって，彼女はやるべきことにすぐ取り組めるようになり，結

111

果は素晴らしいものとなった。SSI-CBTにおけるあなたへの問いかけは，（1）「クライエントはいますぐに取り組む準備ができているのか？」そして，もしそうでないなら，（2）「どうすれば，その準備を促せるのか？」である。

## プロセスにできるだけ能動的に関わるような 準備ができている

3章において，SSI-CBTでは，あなたがそのプロセスで活発に役割を果たし，できるだけクライエントにも能動的に関わるように促すことが重要だと述べた。もし，SSI-CBTでクライエントが受動的であり，「食べさせてください」というスタンスだとしたら，そのプロセスからあまり利益を得られないだろう。そこで，クライエントの能動的な関わりを促すために，あらゆる機会を利用する必要がある。そのための方法の一例として，焦点を絞って行う開かれた質問がある。

## セラピストであるあなたの考えやあなたに対して オープンであること

SSI-CBTの成功は，セラピストであるあなたがプロセスにもたらすものと，クライエントがプロセスにもたらすものとが，うまく合わさるかどうかにかかっている。クライエントがあなたの提供するものを最大限に利用するためには，クライエントが，自分の提示した問題の決定因や変化を促すためにできることに関するあなたの考えに対して，オープンであることが必要である。クライエントがそのようにオープンマインドであることは大切だが，クライエントが

あなたに対してオープンであることも同じくらい重要だ。私の考えでは，SSI-CBT セラピストとしてのあなたの仕事は，クライエントが「（あなたの言っていることが）わからない」，「（あなたの質問の答えが）わからない」，「あなたに同意できない」と言えるような治療環境を作り上げることである。とくに最後が重要である。クライエントがあなたに同意できないと感じた場合，その人があなたに従っても，変化の原則を内面化することはない。従うのは，セラピストであるあなたがいるいまだけのことだ。内面化は，クライエントがその原則を自分自身のものにすることなので，長期的に役立つ。そこで，クライエントが自由に自分の思いを言えるような雰囲気，とくに，あなたに反対だと言うことができる雰囲気を育てることが有用である。

## 自分の提示した問題やそれに関する目標に 焦点を当てて，明確かつ具体的に述べられること

SSI-CBT は，クライエントの目標達成をできる限り短時間で支援するため，非常に集中的なアプローチとなることが多い。このためにクライエントは，自分の問題とあなたとのワークから何を得たいのかということに，迅速に焦点を当てる必要がある。そのように焦点づけることが重要な要素であるのはもちろんだが，クライエントはまた，自分の抱える問題の性質，その課題を決定する要因，その課題について何が目標かを明確かつ詳細に述べられなくてはいけない。ここでは，明確さと具体性の両方が重要である。

クライエントが，明確かつ具体的に焦点を当てることが重要なので，セラピストであるあなたは，SSI-CBT のプロセスを通して，このようなクライエントの特性が前面に出るように促す必要がある。

しかし，1回のセッションでは，クライエントがこのような特性を十分に発揮できないことが明らかになった場合，あなたは問題解決に向けて手助けできる。この場合はおそらく，クライエントにはさらに支援が必要であり，必要なところにつなぐことができるようにした方がよい。

## SSI-CBT で何ができるのかを現実的に考える

6章で，「飛躍的変化」と呼ばれる概念（Miller & C'de Baca, 2001）を紹介した。彼らは，そのような急速で劇的な変化を「いきいきとした，驚くべき，温かく，永続的な個人的変容」（Miller & C'de Baca, 2001: 4）と定義している。計画的な SSI-CBT で，このような変容が起きる可能性は低いが，その可能性を否定はできない。しかし，より可能性が高いのは，クライエントがそこから自由になれず，結果的に，その人の問題を持続させてきた思考や感情，行動のパターンから抜け出せるように変化を起こすことである。私の考えでは，SSI-CBT から得られるものについて，現実的な考えをもっているクライエントは，飛躍的変化を期待しているクライエントよりも多くのことを達成できる。実際にもし飛躍的変化が SSI-CBT で起きるとしたら，それを求めているクライエントより，むしろこのプロセスに現実的な期待をもっているクライエントに起きるのではないかと私は思っている。

ミラーら（Miller & C'de Baca, 2001）は，飛躍的変化の例として，2人の有名な架空の人物を挙げている。フランク・カプラの *It's a Wonderful Life*〔訳注：『素晴らしき哉，人生！』〕という映画のジョージ・ベイリーと，チャールズ・ディケンズの『クリスマス・キャロル』という物語のエベニーザー・スクルージである。じつのところ，

2人とも飛躍的変化を求めてはいなかった。詩的な言い方をすれば，飛躍的変化がその人たちを求めた，といえるかもしれない。そして，その人たちはその機会を活かしたのである。つまり私の考えでは，SSI-CBT のセラピストとしてのあなたのおもな役割は，飛躍的変化を積極的に促そうとするよりも，この治療法が提供する機会を最大限に活用するようにクライエントを手助けすることである。もしも，SSI-CBT でそのような変化が起きるとすれば，それは，セラピストであるあなたと何の関係もない理由で起きるだろう。

## あなたとの関わりから学んだことを 実践する準備ができている

CBT の文献から得られた最も確かな知見の1つは，セッションで学んだことを実践するクライエントは，そうしない人よりも，そのプロセスからより多くのものを得るということだ。そこで，クライエントと最初に会ったときに（18章参照），本人に SSI-CBT の面接で学んだことを，日常生活で実践する準備があるかどうかを尋ねるのが賢明である。しかし，クライエントが最初に「学んだことを行動に移す準備はできていない」と言ったとしても，セッション中に気が変わるかもしれない。よって，その人を SSI-CBT へのアクセスから除外してはいけない。

クライエントが学んだことを実践する準備ができているという点を，本人が提示した問題の解決策やその実施計画の作成を手助けする際に活用するのは有用である。厳密にいえば，これは「宿題」ではないが，クライエントが計画を具体的にどう実行に移すのかを話し合っておくことは役に立つ。

## 具体的なことから一般的なことへ，そしてまた もとのところへと比較的容易に移動できる

　問題や目標を特定してそこに焦点を当てる力は，SSI-CBT におけるクライエントの大切な特性だが，それと同時に，具体的なことから一般的なことへ，そしてまたもとのところへと簡単に移動できることも重要である。細かすぎることに焦点を当てると，その人の人生において，非常に局所的な変化しか起こせないことになる。一方で，焦点が広すぎると，クライエントは，具体的な状況で使いにくい一般的な原則を持ち帰ることになる。私の考える SSI-CBT の理想は，クライエントが自分の提示した問題に効果的に取り組み，そして，その問題に関係する一般的な原則を，他の問題や他の適切な場面にどう応用できるのかを理解することである。SSI-CBT セラピストとして，私はおもにクライエントの提示した問題に焦点を当てるが，クライエントの生活の他の文脈において，本人の学びを汎化させるのに役に立つ機会はないかと探してもいる。

## 比喩，格言，物語，イメージと関連させる

　ほとんどのセラピーで言葉を使う。SSI-CBT では時間が貴重なので，セラピストであるあなたとクライエントの双方が，利用できる時間を最大限に活用するために，かなり迅速にワークを行う必要がある。結果的に，お互いが接する際，かなり多くの言葉を交わすことになる。セラピーにおけるあなたの課題の 1 つは，クライエントが新しい意味を創造するのを助けることであり，これが SSI-CBT の変化のプロセスの重要な部分である。この新しい意味は言葉で表現

されるが，クライエントが日常の中で，時間をかけてそれを実践するのなら，それは記憶に残りやすい必要がある。意味を記憶に残りやすくする1つの方法は，比喩（つまり，類似性を示唆するために文字通りの意味ではなく言葉やフレーズを使用する修辞的表現法）や格言（一般的な真実と鋭い観察とを含む簡潔で記憶に残る表現），物語，イメージを使うことだ。このような表現方式を好むクライエントではそうでない人よりも，SSI-CBTの体験がより感情的なインパクトをもつので，このプロセスから多くを得る可能性がある。だが，これについては実証的に検証される必要がある（26章参照）。

## セッション内で行う解決策の練習に
## 参加する準備ができている

　前のセクションで感情的なインパクトについて述べた。クライエントにそのようなインパクトを強めるもう1つの方法は，セッション内で行う解決策の練習となる活動に参加してもらうことだ（27章参照）。ロールプレイや椅子のワーク（Kellogg, 2015）は，そのような活動の良い例である。

　セッションの終盤にスーザンとロールプレイを行ったところ，彼女は，自分のうつ感情に対処する最もよい方法は，仕事で彼女に理不尽な要求をしてくる上司に対して自己主張することだと気づいた。私はまず，スーザンが職場で無力な犠牲者の役割を果たしていると気づくように手助けをした。無力な犠牲者でいることによって彼女のうつは維持され，毎週，上司から残業を命じられるままになっていた。彼女はまず，犠牲者でいることをやめて，上司とこの件について話をすることで自分を助け

ようと決めた。私は上司の役を演じて，ロールプレイの中で彼女に残業を命じ，彼女は私に対して自己主張を行った。何度か失敗した後で彼女は役になりきって，上司である私にうまく立ち向かった。そして，「もう犠牲者ではない」という彼女自身の格言も生まれ，上司だけでなく，ボーイフレンドや母親にも自己主張すると決めた。フォローアップで彼女は，母親との関係が良くなり，仕事量が同僚と同じになったこと，そして，いままでより主張する新しいスーザンを気に入らなかった前のボーイフレンドと別れ，自分を尊重してくれる新しいボーイフレンドができたと報告した。

## ユーモアのセンスがあること

　最後のクライエントの特徴は，私の個人的な意見を反映しているのだが，SSI-CBT のプロセスにユーモアを取り入れることには個人の好みも関わってくる。SSI-CBT においてユーモアを効果的に使うことで，あなたとクライエントの双方が，深刻な問題を軽いタッチで，しかし問題を矮小化せずに扱うことができる。そうすることで，問題から恐れを取り除くことができ，アルバート・エリスの言葉にあるように，「人生を真剣に考えるが，あまり深刻には捉えない」という態度をクライエントに促すことができる。結果的に，ユーモアのセンスをもつクライエントが，SSI-CBT のセラピストである私から最も良い結果を得ると私は考えており，このことは，プロセスを最大限に利用できるようにクライエントを手助けする私の励みになっている。

　SSI-CBT におけるクライエントの有用な特性について考えてきた

が，最後の章では，SSI-CBT に役立つセラピストの特性について述べて，この第Ⅰ部を締めくくりたい。

# 15章

# SSI-CBT に役立つセラピストの特徴

すべてのセラピストが SSI-CBT を実践したいと思うわけではない。クライエントが SSI-CBT を受けることを強制されるべきでないのと同じように，セラピストが望まないのに SSI-CBT の実践を強制されるべきではないと私は考えている。また，SSI-CBT を実践するのに適しているかどうかはセラピストによって異なる。効果的な実践にとくにつながるセラピストの特性は，次のようなものだと私は考えている。

## クライエントに関する情報の不足を許容できる

SSI-CBT へのよくある反論は，最初にしっかりとしたケースフォーミュレーションを行わずにセラピーはできないと考える CBT のセラピストから提出される。この立場から，シングル・セッションのやり方では，そのようなケースフォーミュレーションを行うための十分な時間がとれないと主張する。これは正しいが，SSI-CBT のセラピストは，最初にケースフォーミュレーションを行わなくても，SSI-CBT を効果的に実践できると述べる。10 章で説明したように，この時間内で**ある程度の**フォーミュレーションを行うことは可能であり，通常は，問題や目標のアセスメントにしっかり取り組めば十分である。したがって，よい SSI-CBT セラピストであるために

は，クライエントの情報が少ないことを許容することが有用である。

## クライエントとの近い関係を必要としない

SSI-CBT に対して別の反論をするのは，治療を効果的に実施するうえでクライエントと近い関係を築く必要があると主張するセラピストだ。その人たちの意見は，SSI-CBT のやり方では，このための十分な時間がとれないというものである。SSI-CBT のセラピストは，SSI-CBT ではセラピストとクライエントとの近い関係を築かなくても効果的なワークが可能であり，そして，より重要なのは，よい作業同盟を築くことだと答える（3 章参照）。

## クライエントと迅速に関わることができる

SSI-CBT では，クライエントと近い関係を築くよりも，クライエントと迅速に関わることが重要である。このために通常，セラピストであるあなたは，クライエントの提示した問題と，クライエントが SSI-CBT から何を得たいかということに非常に早い段階で焦点を当てる。さらに，クライエントの強みや，より効果的にクライエントを支援するうえで有用なその他の変数を引き出すことで，クライエントがたんなる欠点よりもポジティブな特性に目を向けるようになり，さらに効率のよいクライエントとの関わりが可能になる。加えて，できるだけの早い支援にあなたが心から興味をもっていると，態度や行動でクライエントに示すことで迅速な関わりが促進される。

# 真のカメレオンになれる

　私の友人であり同僚でもある故アーノルド・ラザルス（Lazarus, 1993）は，「真のカメレオン」と呼ぶセラピストの概念を，心理療法の論文の中で紹介した。この概念は，SSI-CBT の有能なセラピストの特性だが，これは，異なるクライエントに対して自分の対人スタイルを誠実に変化させられること，そして，どのクライエントがどのスタイルに共鳴するのかを鋭敏に判断できることである。標準的な治療スタイルを守るセラピストは，SSI-CBT を実践できるが，私の考えでは，クライエントとの対人関係に柔軟なセラピストが実践する方がより効果的だろう。

## 柔軟で多角的な視点を有する

　すでに述べたように，SSI-CBT を特定のアプローチというよりは，むしろ1つの枠組みとして捉えるのがベストであり，さまざまな CBT のアプローチを取り入れることが可能になる。そこで，SSI-CBT を実践する CBT のセラピストは，CBT の自分のやり方を持ち込むことになり，本書で私は，SSI-CBT（WD）と呼ぶ自分のワークを例に挙げた。もっとも，有能な SSI-CBT のセラピストには，その人なりのアプローチがあり，CBT の実践において柔軟で多角的でいられるように準備が整っているだろう。SSI-CBT では，次のようなやり方で柔軟性と多角性を示すことができる。

・当初の概念化でクライエントを理解できていない場合には，クライエントの問題や目標をさまざまな方法で概念化することに

よって

- SSI-CBT を実践するための唯一で正しいやり方はないのだと認めることによって。したがってセラピストであるあなたには，さまざまなクライエントに対していろいろなやり方を実践し，必要があれば，他の CBT のアプローチと CBT 以外のアプローチの両方を使う用意がある
- どちらか一方だけでなく，両方の視点をワークに取り入れることによって
- クライエントの資源を引き出し，クライエントがセッション内やセッション外でこれらを使うように促すことによって（13 章参照）
- プロセスのあらゆる段階で，クライエントを十分に巻き込むことによって

## すばやく考えられる

セラピストによっては，セラピーに時間をかけて展開するプロセスをじっくりと考えることを好む人もいる。SSI-CBT はセラピストにすばやく考えることを求めるため，このようなセラピストは，SSI-CBT の実践を非常に難しいと感じるかもしれない。すばやく考えられる認知能力があって，それを使うことを好むセラピストは，SSI-CBT を効果的に行う実践家になるだろう。

## クライエントの焦点づけを
## 迅速かつ協働的に手助けできる

重要なことだが，SSI-CBT の効果的な実践は，意味のあるワーク

の焦点をクライエントが見つけ出せるように，あなたが援助できるかどうかにかかっている。もし，そのような焦点を見つけ出せなければ，SSI-CBT のワークの有効性はかなり薄れてしまう。したがって，クライエントの焦点づけを手助けできて，それを急がせることなく迅速に行えるセラピストは，SSI-CBT をとてもうまく行えるはずだ。このように，クライエントを急がせずに，迅速に焦点を見つけるという考え方は，非常に重要である。

　セラピストの中には迅速に焦点を設定することはできても，クライエントのペースで一緒にやっていくことができない人もいる。その代わりに速すぎて，クライエントが引きずられるようなワークになる。その結果，クライエントは，提供されるものを十分に処理できず，プロセスからあまり多くを得ることができない。そこで，セラピストは，クライエントが迅速に焦点を設定できるように手助けしなければならないが，これを協働で行う必要がある。このワークには，双方に適したペースで焦点を設定するために，2 人の人間が協働して行うという特徴がある。

## SSI-CBT に現実的な期待をもつ

　6 章と 14 章で，飛躍的変化は可能だが，SSI-CBT のクライエントはほとんどそれを経験しないと述べた。より一般的なのは，SSI-CBT が，クライエントが行き詰まっているパターンから自由になって，与えられた場で自分の人生を歩む手助けをすることである。SSI-CBT に現実的な期待を抱いているクライエントの方が，このアプローチがより全般的で慢性的な問題の変化に役立つだろうと考えるクライエントよりも，このプロセスから多くのものを得るが，これはセラピストも同じだ。あなたが有能な SSI-CBT のセラピストな

らば，クライエントの達成を支援することについて，楽観的でもあり現実的でもあるだろう。これとは対照的に，クライエントが達成できることについて悲観的でありながら，クライエントがプロセスから得るものについて非現実的なセラピストは，効果的ではなく，SSI-CBT の実践には向いていないかもしれない。

## 具体的なことから一般的なことへ，そしてまた もとのところへと比較的容易に移動できる

前の章で，SSI-CBT に重要なクライエントの特性として，具体的なことから一般的なことへ，またもとのところへと，かなり容易に移動できることを挙げた。これは，セラピストにも重要な特性である。あなたが具体的なところに焦点を当てすぎるなら，効果は限られるだろう。また，一般的なことに焦点を当てるなら，クライエントは理論的なことしか学べず，具体的な場面では使えないことになる。よって，SSI-CBT セラピストとしてのあなたの重要な仕事は，具体的で適切なところに焦点を当てることだと私は考えている。それは，クライエントの提示した問題に効果的に対処する際の助けになり，また，自分の学んだことがどのように一般化できるのかを理解するうえで役に立つ。

## 比喩，格言，物語，イメージを クライエントに合わせて使えること

SSI-CBT のプロセスが，クライエントに感情的なインパクトを与えることが理想的である（26 章参照）。これは，通常の治療的な会話の中で起きるかもしれない。そうであっても，適切な比喩，簡潔

で適切な格言，適切な物語，クライエント自身がつくり出した，あるいはあなたが提案したイメージを用いると，より効果があがる。これらのやり方は，クライエントが覚えやすいように学習のポイントをまとめ，SSI-CBT の終了した後で，方法と学習のポイントの両方をうまく思い出す際の助けになる。このような手法を容易に使えるセラピストの方が，これを使わずに，シンプルな言葉のやりとりにだけ頼るセラピストよりも，SSI-CBT の実践に向いているだろう。

　ここで，SSI-CBT の理論的基盤を紹介した第Ⅰ部を終わる。第Ⅱ部では，さらに SSI-CBT の実践に焦点を当てる。そこでは，SSI-CBT のプロセスがどう展開されるのか，そのはじめから終わりまでについて，1 人のクライエントを例に説明する。

# 実　践

*Practice*

# 16章

# SSI-CBT における良い実践

SSI-CBT のプロセスをくわしく説明する前に，私の考える SSI-CBT における良い実践の概略について述べる。これらは実践上，SSI-CBT のプロセスと成果を促すうえで一般的に重要なものである。以下では，SSI-CBT の良い実践を特徴づける幅広い介入法の中から，いくつかを簡単に説明する。

## クライエントと迅速に関わる

SSI-CBT は，時間をとても有効に使う支援の方法である（2章参照）。手元にある課題に焦点を当てずに会話を行って，時間を無駄にするようなことはしない。つまり，クライエントと迅速に関わることが，プロセスを正しく始めるうえで重要である。

## ワークを通してラポールを築く

SSI-CBT では，ラポールの形成とワークの実施とを区別しない。実際，クライエントとラポールを築くための最良の方法は，問題や目標にできるだけ早く取り組めるように，クライエントを真剣に支援しようとしていることを示して，その作業にとりかかることである。

## あなたとクライエントが2人でここにいる理由，そして，2人にできることとできないことを明確にする

クライエントがSSI-CBTから最大限のものを得ようとするなら，あなたとクライエントの双方が，コンタクトの目的とこのコンタクトにおいて現実的に何が達成可能なのかという考えを共有しておくことが重要である。セラピストとしてあなたには，この問題に関するあなた方2人の意見が確実に共有されるようにする責任がある。2章で述べた透明性の原則とは，SSI-CBTにおいて，何ができて何ができないのかをあなたが明確にする必要があるということだ。

## 能動的かつ指示的である

一般的に，CBTは能動的かつ指示的な治療スタイルをとることが求められる治療法である。それはSSI-CBTでも同じで，最初からあなたは，クライエントが提示する問題とこの話し合いから何を得ようとするのかについて，自分自身とクライエントを能動的に方向づける必要がある。しかし，あなたは能動的かつ指示的なスタイルを採用しつつ，クライエントが能動的になるように促す必要もある。もし，あなたの動きによってクライエントが受動的になってしまうなら，おそらくSSI-CBTからほとんど何も得られない。

しかしクライエントが，問題を探求したり問題について感情を表現することを望む場合がありうる。そのようなときにあなたは，クライエントの好む援助に合わせて，治療スタイルを変えようとするだろう。

## 焦点を当ててクライエントが
## そこにとどまるように手助けする

　焦点に関して，あなたには2つの重要な課題がある。まず，クライエントがワークで何に（たとえば，行き詰まりを脱するために助けを求めている問題に）焦点を当てるのかを特定する手助けが必要であり，2つ目に，クライエントの提示した問題に対して焦点を維持するのを手伝う必要がある。一緒に見つけた焦点を維持するクライエントの能力にはばらつきがあるので，あなたの役目は質問を用いたり，必要があればクライエントの話を中断したりして，焦点をもとに戻すことだ。すでに述べたので繰り返しになるが，(1) もしも合意した焦点からずれた場合，クライエントの話を遮る必要があるかもしれないと事前に説明して，(2) その許可を得ておくとよい。

　また，あなた自身が合意した焦点から外れないようにする必要があることも，はっきりさせておくべきである。

## クライエントの提示した問題について，
## できれば近い将来の例をアセスメントする

　クライエントの視点から問題を聴き取ったら，次の段階で，あなたはそれをアセスメントする。一般的に，CBTのセラピストは最初に，クライエントの生活で現在起きている問題や最近起きた問題を検討する。SSI-CBTでもそうしているかもしれないが，可能ならクライエントの問題について近い将来の例をアセスメントすることを私は提案する。この根拠は次の通りである。

　SSI-CBTの目標は，クライエントがすばやくゴールを設定して，

その人の人生を前進させるような新しい視点を持ち帰ることである。つまり，あなたとクライエントは2人とも，いわば前を向いている。クライエントの問題に関する過去や現在の例をアセスメントするときは，後ろか横を向くのである。解決策を実行に移すとき，あなたは治療の2人組が横や後ろを向くというクライエントの選択を手伝ってから，その方向を調整して前に向けなければならない。対照的に2人が前を向いているのなら，すでに向くべき方向を向いている。新しく学ぶことは，それまでにアセスメントされた場面で実践されるので，提示された問題について，できれば近い将来の例をアセスメントするところから始めるのがより効果的な方略である。

　この根拠をクライエントに説明するとき，次のように言えるだろう。

> 「時間が限られていますので，あなたがここで学ぶことを，今後の生活でどう実践するのかを検討するのが一番よいと，私は考えています。そこで，あなたの問題について近い将来のことに焦点を当てる方が，そのような状況に直面したときにここで学んだことを使える可能性が高まります。この方略についてどう思いますか？」

　もしクライエントがこの方略に反対したのなら，その反対意見をきっかけにどう進めるべきかについて合意できる。ここでも他と同様に，同盟関係を維持することが，反対している方略への取り組みをクライエントに押しつけるよりも大切である。たとえ，その方略がSSI-CBTにおける良い実践だったとしても，である。

# クライエントの目標を引き出して
## それに焦点を当て続ける

CBT のセラピストは一般的に目標指向的であり，SSI-CBT の場合はさらにそうだ。2章で述べたように，あなたはクライエントが，セッションの目標と問題に関する目標を設定するのを手伝う。後者については，目標が決まったら，それが困難な状況に直面したときの目標であってもそうでなくても（4章参照），その目標に一緒に焦点を当て続けるように手助けすることがよい実践である。SSI-CBT における目標への取り組みについては，23章でさらにくわしく説明する。

## できれば，この目標指向的な焦点が
## 価値によって支えられていることを確認する

SSI-CBT のセラピストとして，あなたはクライエントとの時間が限られていることを認識し，そして，このプロセスからクライエントの得るものが持続する可能性を高めるやり方を見つける必要がある。この方法の1つは，クライエントの目標を支える可能性のある強い価値を見つけるように手助けすることである。なぜなら，価値によって支えられる目標はそうでないものに比べて達成が容易だからである（Eccles & Wigfield, 2002）。この点は，23章でさらに説明する。

## 目標達成のために何を犠牲にするつもりがあるのかを
## クライエントに尋ねる

SSI-CBT は，楽観主義と現実主義とをあわせたものに基づいている。そのセッションの準備が適切ならば，1 回のセッションで，提示した問題に効果的に取り組むようにクライエントを手助けできると考えており，この意味で楽観的である。現実的というのは，クライエントが目標達成のために犠牲を払うつもりがあれば，目標を達成できる可能性が高いと考える点である。したがって，適切なときにセラピストであるあなたが，このことをクライエントとの間で話題にするのは，良い実践である。

## SSI-CBT で計画していることをできる限り説明し，
## クライエントの許可を得て進める

SSI-CBT ではできる限り，セラピストであるあなたが計画していることをクライエントにわかるように説明して，しっかりと同意を得るのが，良い実践だと私は考えている。行おうとしているすべてを説明するだけの時間はないし，それはあなたたち 2 人が目指すこと（つまり，できるだけ速やかにクライエントが自分の人生を前に進める手助けをすること）の妨げになるので，賢明でもない。しかし，クライエントが現実的ではないような方略や，理解に苦しむような方略をとるような場合には，いつでも，その根拠を説明し，許可を得て進めることが賢明だろう。以下は，あなたが何をするつもりかを説明し，許可を得て進めるうえで役に立つかもしれない，いくつかの補足的な方略である。

・クライエントの提示した問題の具体例を話し合うこと
・クライエントの問題となっている認知を検討すること
・クライエントの話が脱線したら，話を中断させてもらうこと
・セラピストが自己開示して関係のある話を伝えること

## クライエントにできるだけ具体性を促すが 一般化の機会にも注意を払う

SSI-CBT において具体性が重要であることを，すでに何度か述べてきた。具体的な取り組みには，次のようにいくつかの利点がある。(1) あなたとクライエントの双方が，なぜその問題が続いているのかをより明確に理解できる，(2) 物事を一般的なままにしておくよりも，より感情的にクライエントがそのプロセスに関わることができる，(3) あなたとクライエントの双方が，目標を達成するためにクライエントが何を変えるべきかについて明確な見通しをもつことができる。

しかし，クライエントの学びを一般化するうえで役に立つ機会にも注意を払うことが重要だ。そこで，具体性－一般性という連続体を扱い，この連続体に沿ってその両方向に柔軟に動くことが，SSI-CBT の良い実践である。そうすることで，クライエントはこのプロセスからできるだけ多くのものを得ることができる。

## クライエントの強みを特定して活用する

13 章で述べたように，クライエントがプロセスから最大限のものを得られるように，クライエントに関する多くの変数について情

報を求めることが重要である。これらの変数の1つであるクライエントの強みはとくに有用だ。このように，クライエントの問題にだけ焦点を当てるのではなく，クライエントの強みに基づいて行うのがSSI-CBTの良い実践である。

## クライエントが指定した問題へのこれまでの解決の試みを特定して，成功したものは活用し，失敗したものからは距離を置く

SSI-CBTでは，時間を効率的に使うことが最も重要である。そのためには，クライエントがすでに試してうまくいかなかった方法で援助するという時間の無駄をしないことが大切だ。そこで，クライエントが問題に対処するためにすでに行ってきたことを見つけて，本人が試して成功したものは活用し，うまくいかないとわかったものからは距離を置くのが，SSI-CBTの良い実践である。

## クライエントの学習スタイルを特定して注意を払う

13章で述べたように，クライエントの学習スタイルを考慮して，介入を計画することが重要である。自分の問題についてどう学ぶことが一番良いのかをクライエントに尋ねることが直接的であり，クライエントがSSI-CBTを最大限に活用できるように援助するための必要で明確な情報を得られるかもしれない。

## プロセスを通してクライエントに準備と内省を促す

クライエントがSSI-CBTのプロセスを最大限に活用できるように

するため，このプロセスのさまざまなところで，クライエントが準備したり，内省したりするのを手助けするのは良い実践である。

## クライエントに準備を促す

SSI-CBT の実践で私は，セッションを行う前に，セッション前の質問票に記入することをクライエントに勧めている（表 19.1 参照）。また，フォローアップ・セッションを行う際，その準備をすることをクライエントに推奨する。セッション前の質問票で私は，クライエントに次のことを考えるように求めている。(1) 目標を達成するために，自分がこのプロセスで使える資源は何か，(2) セッションで達成したいことは何か。フォローアップでは，次の 2 点を考えてもらう。(1) そのプロセスで達成したことは何で，そのために何をしたのか，(2) そのプロセスで役に立ったこと，役に立たなかったことは何か，そして，より効果的な支援のためにセラピストである私にできたことは何か。

## クライエントに内省を促す

またセッション後 30 分間は，セッションから何を学んだか，そして，提示した問題だけでなく，関連する他の領域について，学んだことを生活でどう活かせるのかを考えるため，クライエントには，携帯電話やタブレット端末の電源を入れるのを控えるように勧めている。

またセッション終了後，振り返りの補助とするため，希望者にはシングル・セッションのデジタル音声録音（DVR）のコピーと逐語記録を送付している（録音は常時，行っている）。クライエントには，私たちが一緒に行ったワークについて思い出したいときには，これらの資料のどちらか一方，あるいは両方を参照するように勧めてい

る。これらの資料の使い方については，29 章でくわしく説明する。

# SSI-CBT における質問の使用

## 質問を十分に活用する

　もし，あなたが CBT のトレーニングを受けてきたのなら，質問
を使うという考え方に慣れているだろう。しかし，あなたは最初に
人間主義的あるいは精神力動的なアプローチのトレーニングを受け
ているかもしれない。その場合，SSI-CBT の実践におけるこの側面
で問題の生じる可能性がある。なぜなら，このアプローチは，質問
の十分な活用に注意を払うものだからである。多くの質問をするこ
とは，SSI-CBT の実践の基本中の基本なので，効果的な実践のため
に，アプローチの核となるこの要素に慣れる必要がある。

## あなたの尋ねた質問についてクライエントに確実に答えてもらう

　私の考えでは，SSI-CBT における質問は，外科手術の切開のよう
なものであり，問題の核心に迫るように考えられている。SSI-CBT
において，尋ねることが重要な役割を担うと考えるのなら，あなた
の尋ねたことに対して，クライエントに確実に答えてもらうことは
良い実践である。もし，重要な質問に答えてもらえない場合，クラ
イエントが答えてくれるまで，繰り返し尋ねる必要がある。これは，
焦点づけられた穏やかなプロセスであり，尋問的ではない。しかし，
クライエントが質問に答えるのに苦戦していたとする。その場合は
質問に固執すると，作業同盟を脅かすことになるが，それはなるべ
く避けた方がよいので，たとえその質問が本質的なものであっても，
尋ねるのをやめて別のやり方をするべきである。

### クライエントに質問に答えるための時間を与える

経験豊富な SSI-CBT のセラピストにできることの 1 つが，クライエントを急がせずに，時間を効果的に使うということである。アーセナルでプレーしていたメスト・エジルは，時間をかけているように見せながら，仕事のできるサッカー選手だ。SSI-CBT セラピストの研修では，私が伝えたいことを教えるために，メスト・エジルのプレー動画を見せる。「エジルする」とは，クライエントがセラピストの質問に確実に答えられるように，そのための時間を与えることを意味するようになった。このように，クライエントを急がせることなく，自由に使える時間を有効活用するのが，SSI-CBT の良い実践の特徴である。

## 本質的なことに関する
## クライエントの理解度を確認する

教えることと学ぶことの違いは何なのだろうか？　教えることは，教師が提供するインプットであり，それに対して学ぶことは，学習者がそのプロセスから得るものである。これが，SSI-CBT に関係している。つまり，プロセスにおいて本質的なことを伝えた場合には，それについての理解をクライエントに尋ねる。そうしないと，クライエントがわかっていないのに，理解しているとあなたは思うかもしれない。確かめることなくして良い学びはないのだ。

## 非言語的に表されるものを含めてクライエントの
## 疑念，懸念，異議を特定してこれに対応する

これまでに何度か述べてきたが，SSI-CBT のプロセスのさまざ

な側面について，あなたとクライエントの合意は不可欠である。それがなければ，合意があるときのようには，SSI-CBT から多くの成果をクライエントが得ることはできないだろう。こう考えると，プロセスのどの側面についてもクライエントに何か疑念（doubts）や懸念（reservations），異議（objections）（DROs）がないかを尋ねるのは良い実践だ。そうしないと，クライエントに DRO（s）がまだ残っていて，プロセスに否定的な影響を与え，本人にとってよくない結果をもたらすことになる。

　クライエントは，プロセスに対して DRO があると非言語的に表現することがある。これに気づいたなら，クライエントに確かめてからそれに対処すべきである。

## セッションにおいてクライエントに感情的なインパクトをもたらす方法を探す

　CBT では，知的な洞察と感情的な洞察とが区別される（Ellis, 1963）。知的な洞察とは，重要な点を理屈で理解することを意味する。これに対して，感情的な洞察は，同じことについて，その人の感情や行動にインパクトを与えるような深い納得を意味する。継続的な CBT では，知的な洞察から感情的な洞察への道筋は，通常，関連する宿題にクライエントが時間をかけて取り組み，振り返りを行うことで成立する。SSI-CBT では，このやり方でそのプロセスを促すには時間が足りない。結果として，セラピストであるあなたは，可能であればセッションの間に，クライエントに感情的なインパクトを与える方法を探す必要がある。そのようなインパクトがなくても SSI-CBT から利益を得ることはできるが，私の経験では，そのようなインパクトがあれば，得るものはより大きい。

# クライエントがたしかにこのプロセスから意味のあることを1つ手に入れて，それを実行に移す計画を立てるようにする

　本書において何度か，SSI-CBT から現実的に期待できることは何かということを取り上げてきた。この点に関して私は，もし，クライエントがこのプロセスから意味のあることを1つ手に入れ，それを実践する計画を立てるなら，あなたは良い仕事をしたことになると思う。しかし，クライエントにそれができたと私が思っても，意味のあることは何も起きていない場合が時々ある。その逆もまた本当で，このプロセスからクライエントは何も意味のあることを得ていないと思うときに，大きな利益を得ていることがある。ここで述べたように，意味のある1つのことを実行に移すため，クライエントの計画を援助しようとセラピストが努力するのは良い実践である（Keller & Papasan, 2012）。

## クライエントにセッションを要約してもらう

　SSI-CBT の目標は，クライエントがそのプロセスから何か意味のあるものを手に入れるのを援助することなので，プロセスで起きたことについて，クライエントが明確に理解しているかどうかを確認することは有用である。そこで定期的に，扱ってきたことを要約するようにクライエントに求めるのは良い方法だ。最も大切な要約は，セッションの最後にクライエントが行うものであり，これが本人の実践に影響を与える。

# やり残したことを片づける

　対面で行うセッションの最後は重要であり，クライエントが何か
の問題に混乱したままそのセッションを終えることのないように，
クライエントに質問の機会を与えるべきである。そして，セッショ
ンを終える前に，やり残したことをクライエントと片づけることが
大切である。

## フォローアップを計画して実行する

　SSI-CBT のフォローアップの段階を，プロセスに不可欠な部分だ
と私は考えているので，セッションが終わってクライエントが帰る
前に，その根拠を示して，フォローアップ・セッションをいつ行う
のかを計画する必要がある。そして，通常，あなたとクライエント
のこのコンタクトは電話で行われるが，その時間を決めておく。こ
れは，邪魔が入らずにクライエントが自由に話せる時間でないとい
けない。

　SSI-CBT の良い実践について概説してきたが，次の章では，その
プロセスの概要を説明して，さらに本書のその後の部分で，各プロ
セスについてくわしく述べる。

# 17章

# SSI-CBT プロセスの概観

SSI-CBT のプロセスをくわしく説明する前に，まず，その概要を紹介する。最初にはっきりさせておくが，このプロセスは SSI-CBT の私の実践から生まれたものであり，他のセラピストだといくらか違うものになるかもしれない。

本書で述べる SSI-CBT のプロセスは，次の4段階である。

1. 最初のコンタクト
2. セッション前の準備
3. シングル・セッション
4. フォローアップ・セッション

## 最初のコンタクト

最初のコンタクトとは，支援を求める人が，あなたやあなたの働く施設とはじめて出会うことである。これについては次の章でくわしく述べるが，ここで伝えておきたいのは，最初のコンタクトのおもな方針は，本人が情報を得たうえで，SSI-CBT を利用するかどうかを決められるようにサービスの概要を示すことである。利用する場合には，その人が次の段階に進むための用意がなされる。

## セッション前の準備

　最初のコンタクトの後，本人がセッションの準備をすることは有用である。私は以前，20〜30分間電話を使ってこれを行っていた。現在では，本人の負担を減らすために，セッション前の質問票（表19.1参照）に回答してもらうことで，セッションの準備をするように促している。これに回答したら，セッション前に私に送ってもらっているが，それにより，その人がセッションに何を求めているのかを知ることができる。このコンタクトの第2段階でカバーすべき点については，19章で説明する。

　すべてのクライエントが，セッション前の質問票に答えるわけではなく，この場合，ワークはセッションから始まる。

## セッション

　Covid-19の流行前は，すべてのシングル・セッションを対面式で行っていたが，その後，オンラインのプラットフォームを使って，すべてオンライン上で行っている。インターネット接続の不安定さによるトラブルを除けば，SSI-CBTは，オンラインでも対面式と同じように効果のあることがわかった。オンラインによって，多くの人がSSI-CBTをより利用しやすくなった。

　50分が経過する前にワークが終わった場合，セッションを早く終了することを選択できるように，私はクライエントに1回のセッションは，**最長**50分までと伝えている。短時間で必要なことをすませたのに，50分経つまで時間を使わなければならないとしたら，セッションのインパクトが損なわれてしまう。

セッションで私が最初にすることは，クライエントが記入したセッション前の質問票に触れて，これに回答した後で何か変化があったのかどうか，クライエントの気づいたことを尋ねる。

次は，クライエントがセッションの焦点を定めるための手助けであり，それから，クライエントの提示した問題（つまり，援助を求める問題）とその問題に関する目標，そしてセッションの目標の特定である。選ばれた問題の例に基づいて，問題と目標のアセスメントを続けて行う[注1]。順調にいけば，このアセスメントの間に，アセスメントの基礎となるモデルについてクライエントが実用的な理解を深められるように手助けをする。次の段階は，問題のおもな原因となっているやっかいな認知を検討し，それを修正して，新しい認知に基づいて行動するように計画するか，あるいは問題となっている認知をマインドフルに受け入れて，価値に基づいたやり方で行動するか（または，この2つの方略の組み合わせ）である。これが，クライエントの問題への解決策となる。このプロセスを通して，私はクライエントに感情的なインパクトを与える方法を探すが，それが学習とその後の適用を促す可能性がある。

それから，もし適切で実行可能なら，私はクライエントに，合意した解決策についてセッション内でリハーサルすることを勧める（たとえば，ロールプレイや椅子のワークを用いて）。その後，私はクライエントに，セッション後できるだけ早く，学んだことを日常生活でどう実行するのかを考えるように促す。私はまた，クライエントが自分の学習を一般化するのを手助けできるかどうかを考える。セッションの終わりには，最終的なまとめを行うが，できればクライエントがまとめてあなたが補い，やり残しをすべて片づける。そして，クライエントが指定する日に，フォローアップ・セッションの予約を入れる。これを私は，通常，電話で行うが，この最後のコン

タクトを始めるのはクライエントに任されていることを伝えておく。

　私の実践している SSI-CBT（WD）の特徴の 1 つは，セッションを録音して，クライエントにセッションのデジタル音声録音（DVR）と逐語記録を提供することである。これは，クライエントの振り返りを助け，セッション後にクライエントが見直すことができて，セッションとフォローアップ・セッションの間の貴重な架け橋になる。しかし，すべての SSI-CBT セラピストがそうしているわけではない。

## フォローアップ・セッション

　クライエントの中には，セラピストである私とその後コンタクトをとるとわかっていたことが，セッションで得た成果を維持する動機づけになったという人もいる。また，セッションで何を成し遂げて，これからまだ何ができるのかを思い出すために，このプロセスを振り返る機会を歓迎する人もいる。

　また，フォローアップを行うと，プロセスで役に立った，そして，あまり役に立たなかった私の働きかけがわかり，これは，SSI-CBT のセラピストとしての自分の成長に役立つ。最後に，もしあなたが介入効果に関するデータを収集する業務に従事しているなら，フォローアップは，SSI-CBT へのアクセスを選択したクライエントにとって，どれほど効果があるのかを知るうえで非常に重要である。また，セラピストによる効果の違いに関するデータも得ることができる。

　この章では，おもに私が実践している SSI-CBT のプロセスについて紹介した。その際に，このプロセスの 4 つの段階を概観した。この後の章では，それぞれの段階における，良い実践をさらにくわし

く説明し，SSI-CBT におけるクライエントとのワークの例を紹介する。

**注釈**

1 提示された問題について，近い将来の例を使ってワークする意義に関する
  簡単な議論は，16 章を参照。

# 18章

# 最初のコンタクト

　SSI-CBT の視点では，あなたに連絡をしてきた人との最初のコンタクトにおける目的は，その人が SSI-CBT の利用を望むのかどうかを判断することである。

　コンタクトがどう行われるのかは，あなたの職場環境による。もし，あなたが1人で仕事をしていて，自分で電話を受けているのであれば，電話をかけてきた人に，どのようなサービスを提供しているのかを（一般的には，シングル・セッションのワークを含めて），あなたが説明できる。もしあなたが機関で働いているのなら，たとえば，受付担当者が最初に，クライエントになる可能性のある人に対応することになるが，受付担当者が，シングル・セッション・セラピーを含めて，その施設で提供するサービスを明示できるように，トレーニングしておくことが理想的である。

　以下では，クライエントになる可能性のある人に，最初にあなた自身が応対すると仮定して説明する。相手が電話をかけてきてあなたが応対しても，あるいは，折り返しであなたが電話をかけたとしても，あなたはまずその人が，とくにシングル・セッション・セラピーのために連絡をしてきたのか，それとも，他のサービスを求めているのかを確認することをお勧めする。かりに，とくに相手がシングル・セッション・セラピーのために連絡してきたとする。その場合，費用を含めて，どのようなプロセスなのかを説明すると，相

手は情報を得たうえで，次に進むかどうかを決められる。たとえばもし，継続的な CBT のように他のサービスのために連絡してきたのであれば，あなたには選択肢がある。継続的な面接のための予約を入れるか，その人がサービスの全容を知ったうえで決められるように提供するサービスの概要を説明するのか，どちらかである。とくに，電話をかけてきた人が，その時点でどのサービスが自分の治療上のニーズを満たすのかわからない場合，提供するサービスのおよその範囲を説明するのは良い考えだ。私が実践で提供している 4 つのサービスの名前を挙げる。それは，（1）継続的なセラピー，（2）シングル・セッション・セラピー，（3）コーチング，（4）カップルセラピーである。

　この章では，ユージン注1（25 歳，会計士）と行ったシングル・セッションのワークについて述べる。彼は，業務上求められる仕事関係のプレゼンテーションに対する不安から私に連絡してきた。以下は，ユージンと私が最初にコンタクトしたときのものである。

ユージン：義理の姉が，あなたが私を助けてくれるのではないかと思って，電話番号を教えてくれました。

ウィンディ：どのような助けを求めているのか，何かお考えはありますか？

ユージン：そうですね，CBT を行っているそうですが，それ以外はよくわかりません。

ウィンディ：私の行っているサービスの概要を説明してもよろしいですか？

ユージン：はい。

ウィンディ：まず，長年苦しんでいる慢性的な問題や，対処を求めるさまざまな問題を抱えている方には，おもに継続的な

CBTを行っています。二番目に，ある特定の問題のことで行き詰まりを感じているけれど，その問題にとらわれずに人生を歩めるように，できるだけ速やかに対処したいという方には，シングル・セッションCBTを提供しています。そして三番目に，人生に特別な問題や一般的な問題を抱えているわけではないけれど，私生活や仕事，対人関係から多くを得られていないと感じている人にコーチングを提供しています。最後に，カップルの関係に問題を抱えていて，セラピストである私と一緒に問題に取り組みたいという方々には，カップルセラピーを提供します。いまのところ，どのサービスがあなたやあなたの状況に最も合っていると思いますか？

ユージンが，SSI-CBTが一番自分に合っていると思うと言った後で，私は次のように続けた。

ウィンディ：では，シングル・セッション・セラピーのプロセスについて，もう少しくわしく説明します。セッション前の質問票をお送りして，記入していただきます。これはプロセスの重要な一部で，セッションから最大限の効果を得るための準備に役立ちます。私が読んで，セッションの準備をできるように，セッション前にこのフォームをご返送ください。
　セッションは最長50分間で，感染症流行中のためZoomで行っています。セッションが終わりましたら，録音した音声をお送りしますので，後ほどお聞きください。もし，ご要望があれば，文字に書き起こしたセッションの記録もお送りします。この場合，セッションの書き起こし作業を行う業者への支払いのため，別途費用がかかります。

> 　セッションの後，あなたに決めていただく日時に，電話で
> フォローアップ・セッションを行います。セッション後の進
> 捗を私にフィードバックしていただき，また，このサービス
> についての感想もお聞かせください。何かご質問はあります
> か？

　一番多い質問は，費用に関してであり，私はそれに答え，料金に
はセッション前の質問票，セッション，フォローアップ・セッショ
ン，そして録音が含まれていることを伝える。セッションを書き起
こした記録は別料金なので（上で説明した通り），これを加えなけれ
ば節約になる。録音と逐語記録の役割については，29章で説明する。
私はまた，キャンセルポリシー，無制限の秘密保持義務の例外といっ
った，他の実用的な事項も伝える。

　相手の質問にすべて答えた後，その人がSSI-CBTを受けることを
希望した場合，私はセッションの予約を入れて，メールの添付ファ
イルで事前の質問票を送り，セッション前に記入して返送してもら
う。

　この章では，本人からの最初のコンタクトにどう対応するかにつ
いて述べた。次の章では，セッション前に本人に行ってもらう準備
について説明する。

### 注釈

1 「ユージン」の事例は，複数の事例をまとめたものである。私が関わって
　 きた多くの異なるSSI-CBTの事例からこれをつくり上げた。ユージンと
　 SSI-CBTについて話し合ったときのやりとりは，実際に行われたものではな
　 いが，私がSSI-CBTの実践でクライエントと行うワークの典型例である。

# 19章

# セッション前の準備

　SSI-CBT の実践において私は，セッションを準備する助けになるように電話をかけることから，本人が質問票に記入して，セッションの準備をするやり方に変えた。この準備の目的は，セッションを受けた人が，これを最大限に活用できるようにすることである。このやり方にはいくつか理由がある。まず，SSI-CBT の費用を抑えることができる。第 2 に，そうすることで，クライエントの自律性を促す。第 3 に，質問票に答えている間，クライエントは立ち止まり，時間を使って答えを考えられるが，これは時間に制約のある電話ではできないことである。

　しかし，私が行ったこの変更にはマイナス面もある。まず，クライエントが質問票を埋めて，私によくわからないことやもっと掘り下げたいと思うことが書いてあっても，何もできない。さらに，もしクライエントが質問票を適当に書いても，何もできることはないが，電話による準備なら，クライエントがひと言で答える場合には励ますことができる。

　表 19.1 は，私が現在使っているセッション前の質問票であり，表 19.2 は，ユージンの回答だが，本書では SSI-CBT のプロセスを示すために彼の事例を使っている。

　本人が質問票に記入したら，私もセッションの準備ができるように，それを送ってくれるよう依頼しておく。

### 表 19.1　セッション前の質問票

この質問票を，私とのシングル・セッションの前に記入してください。この質問票は非常に重要なものですので，できるだけ多くの質問に答えてください。この質問票は，私とのセッションを最大限に活用するための準備に役立ちます。また，私があなたをできるだけ効果的に支援するうえでも役に立ちます。セッションの前に，メール添付でご返送ください。簡潔かつ具体的に答えていただくことが大切です。

1. いま，あなたが支援を求めている最も重要な問題は何ですか？

2. それは，現在のあなたの人生にどのような影響を及ぼしていますか？

3. 前に進み始めたと感じられるために，セッションの終わりには，どのようなことを成し遂げていたいですか？

4. この問題に対して，過去に少しでも役に立ったことは何ですか？　この問題に関して，自分で自分を助けようとして行ったことや，あなたが受けた治療も含めてお答えください。

5. この問題に対して，試してみたことや役に立たなかったことは何ですか？
ここでも，この問題に関して，あなた自身が試みたことや，あなたが受けた
治療も含めてお答えください。

6. あなたがいま，この問題に取り組んでいるときに，日常生活であなたをサポートできるのは誰ですか？

7. この問題に取り組むうえで，あなたにはどんな強みがありますか？

8. この問題にあなたが取り組めるように，私が知っておく必要があると思うことは何かありますか？

ありがとうございました。

ウィンディ・ドライデン博士

### 表 19.2　ユージンのセッション前の質問票

この質問票を，私とのシングル・セッションの前に記入してください。この質問票は非常に重要なものですので，できるだけ多くの質問に答えてください。この質問票は，私とのセッションを最大限に活用するための準備に役立ちます。また，私があなたをできるだけ効果的に支援するうえでも役に立ちます。セッションの前に，メール添付でご返送ください。簡潔かつ具体的に答えていただくことが大切です。

1. いま，あなたが支援を求めている最も重要な問題は何ですか？

新しい仕事に応募することにしたのだが，人前でのプレゼンテーションが必要になる可能性が高い。できればその前に，そのようなプレゼンに対する恐怖を克服したい。

2. それは，現在のあなたの人生にどのような影響を及ぼしていますか？

そのことがとても気になっているので新しい仕事には応募せず，プレゼンの必要がないいまの仕事のままが安全なのかなと思っている。

3. 前に進み始めたと感じられるために，セッションの終わりには，どのようなことを成し遂げていたいですか？

怖がらずにプレゼンできるようになるためのヒントがほしい。

4. この問題に対して，過去に少しでも役に立ったことは何ですか？　この問題に関して，自分で自分を助けようとして行ったことや，あなたが受けた治療も含めてお答えください。

人前でプレゼンテーションする前に薬を飲んだり，別のときには，アルコールを飲んだりしたことはあるが，本当に役に立ったことはない。こういったことは，プレゼンを避けられないときにだけ行った。

5. この問題に対して，試してみたことや役に立たなかったことは何ですか？
ここでも，この問題に関して，あなた自身が試みたことや，あなたが受けた
治療も含めてお答えください。

催眠術を試したが役に立たなかった。催眠療法士に，対人関係の上手な自分を
想像するように勧められたが，このやり方では，恥ずかしがり屋で不器用だと
いう考えが浮かんでくることに対処できなかった。

6. あなたがいま，この問題に取り組んでいるときに，日常生活であなたをサポ
ートできるのは誰ですか？

わかりません。

7. この問題に取り組むうえで，あなたにはどんな強みがありますか？

意志の強さ。

8. この問題にあなたが取り組めるように，私が知っておく必要があると思うこ
とは何かありますか？

とくになし。

ありがとうございました。

ウィンディ・ドライデン博士

この章では，クライエントがセッションの準備を行う重要性を述べ，私が現在使用しているセッション前の質問票の見本を紹介した。

　この後の 10 個の章では，セッションのさまざまな側面について，セッションを始めることから順に説明する。しかし最初に，セッションの予約をとることについてひと言述べる。セッションは，クライエントにとって強烈な経験になることがあるし，見てきたように，実際にはすべきことがたくさんある。そこで，セッションの予約をとるときに，セッション前に心を集中させる時間，そしてセッションの後に思い返す時間をとれる時刻を指定するようクライエントに勧めている。私は，セッションの 30 分前に電話やその他の機器の電源を切って，達成したいことに集中するように，そして少なくとも，セッション後 30 分はセッションを振り返る時間をつくるため，これらの機器に電源を入れないようにすることを推奨している（29章参照）。

## 20章

# セッション，1：上手に始める

　本書で紹介するSSI-CBTのモデルは，4段階を基本としている。セッションは第3段階にあたる。クライエントがセッション前の質問票に記入し，返送してきたことを前提に説明する。この章と後続の章で，私がセッションと呼ぶのは，ワークの大半が行われるセッションのことを意味しており，これは，対面でもオンラインでも，電話でも行うことができる。

　セッションを始めるのに決まったやり方はないが，ここではいくつか提案する。

## 質問票の回答の更新

　SSI-CBTは変化を促そうとするので，これを行う1つの方法として，クライエントがセッション前の質問票に回答してから後の問題の現状を，セッション開始時にクライエントに尋ねる。たとえクライエントがごく最近，質問票に答えていたとしても，これを行うようにお勧めする。もし，変化があったのなら，その人が何をしたことが効果的だったのかを見つけるようにする。クライエントが改善のために行ったことをさらに行えば，効果的に変化をもたらせる可能性があると，あなたとクライエントが理解するうえでこの情報は役に立つ。たとえば，その人が何か新しいことをやってみたが，変

化は起きなかったとする。その場合，それが何だったのかを見つけて，そこから距離を置き，クライエントが前に進むための新しいやり方を探すために，SSI-CBT のセラピストとしてのあなたの考えに基づいて，それに続く話し合いを活用することが重要である。

## セッションを始める —— ユージンの場合

ウィンディ：こんにちは，ユージン。お会いできて嬉しいです。セッション前の質問票に答えていただいてから，問題に何か変化があったのかどうかを教えてもらうことから，始めましょう。

ユージン：そうですね，イエスでもありノーでもあります。人前でのプレゼンテーションは行っていませんが，前よりも熱心に問題に取り組んでいます。

ウィンディ：何がきっかけで，この問題に熱心に取り組むようになったのですか？

ユージン：質問票に答えたことで，この問題に取り組めるかもしれないという希望をもてました。

## クライエントによるセッション前の質問票なしでセッションを始める

何かの理由で，クライエントがセッション前の質問票に回答していない場合，いくつかのやり方でセッションを始めることができる

### セッションの目的について尋ねる

SSI-CBT のセッションを始める際に，アクセスしたサービスに関

するクライエントの知識をアセスメントする良い方法は，セッションの目的について尋ねることである。

> Q：あなたが考える，今日の私たちの会話の目的は何ですか？

　もし，その人がセッションの目的について非現実的な期待をしている場合，早い段階でそれに対処し，SSI-CBT で何ができて何ができないかを指摘する。

**クライエントの問題，心配事，課題について尋ねる**
　クライエントが SSI-CBT にアクセスするのは，ほとんどの場合，解決したい特定の問題があるからだ。このような場合，あなたはセッションを次のように始めることができる。

> Q：どのような問題や心配，あるいは課題について私と話し合いたいのでしょうか？
> Q：どのような問題や心配，あるいは課題に関する援助を希望しますか？

**セッションにおけるクライエントの目標について尋ねること**
　問題に焦点を当てる代わりに，とくに本人がセッションで達成したいことを参考にして，目標に焦点を当ててセッションを始めることがある。このやり方の場合，あなたは次のように尋ねることができる。

> Q：今日，私と話すことで，何を達成したいですか？
> Q：私たちの会話から，今日来た甲斐があったと思えるような

**援助に焦点を当てて質問すること**

　SSI-CBT のセッションを始めるもう 1 つの方法は，援助という概念に焦点を当てることだ。以下はその例である。

> Q：今日，どのようにしたら，最もあなたの役に立つことができるでしょうか？
>
> Q：今日，あなたは私にどのような援助を求めていますか？

　これらの質問によって，クライエントは，あなたに提供してほしい支援，あなたの手助けがほしい援助，またはその両方を特定することができる。

　SSI-CBT のプロセスが進んだら，あなたの次の役目は，セッションの焦点を定めることだが，これについては次の章で述べる。

# 21章

# セッション，2：焦点を定める

　SSI-CBT のプロセスを始めたら，セラピストであるあなたがやらなくてはいけない大切な役割の1つが，クライエントと共に焦点を定めるように手助けすることだ。明らかに，SSI-CBT では時間が限られている。あなたが，このプロセスを完了するまでの時間は最長 50 分なので，焦点を定めずに会話をする時間はほとんどない。とはいえ，すでに述べたように，クライエントによっては，問題を探求したり，悩みを打ち明けたりするために，焦点を定めない会話を望むクライエントもいる。しかし，この章では，クライエントが提示した問題への支援を求めている状況について説明する。最初は緊張しているクライエントの中には，ユーモアを交えた一般的な少しの会話が，緊張を和らげる助けになることがある。しかし，クライエントが落ち着いたら，焦点を定めることが最も重要である。

## 焦点とは何か？

　「焦点」という言葉の定義では，中心性（centrality；「関心や活動の中心」）と明瞭性（clarity；「はっきりしていると定義される，あるいは，そのような定義をもたらす状態または質」）が重視されている。つまり，SSI-CBT において，クライエントが焦点を定めるのを手助けするとき，あなたに求められるのは，明らかな中心に集中することだ。こ

れについて，SSI-CBT における私の「事例」のビネットを使って説明しよう。

> ウィンディ：このセッションから最大限のものを得ようとするなら，私たちは，あなたが援助を必要としている明確な1つの課題や問題に焦点を当てる必要があります。
>
> クライエント：えーと，私はあらゆる場面で不安になるのです。
>
> **（ここで私には，先に進むうえで2つの方法がある。1つ目は，クライエントに，そのような不安の中から，焦点を当てたいものを1つ選んでもらうことだ。）**
>
> ウィンディ：私と一緒に取り組むために，それらの不安の中から1つ選んで，私が援助できるとしたら，それはどの不安でしょうか？　シングル・セッション・セラピーを受ける価値があったと，あなたが思えるようなものがよいのですが。
>
> **（2つ目として，私はクライエントに，それらの不安について特徴的なテーマがあるかどうかを尋ねるかもしれない。セッションで，私は次のように述べる。）**
>
> ウィンディ：一歩引いて，それらの不安を眺めてみてください。これらをつなぐテーマがありますか？
>
> クライエント：そうですね，どれも他人から，何かの形で評価されることに関係していると思います。
>
> ウィンディ：このセッションで，他人から評価されることへの不安に焦点を当てるというのは，よい考えかもしれません。

そうすれば，より建設的なやり方で，あなたがこの不測の事態に対処するのを手助けできます。多分，あなたが他人から評価されることについて不健全に心配するのではなく，健全に心配するようにお手伝いできると思います。

クライエント：ええ，それはよい考えですね。

このやりとりで注意すべき大切な点は，クライエントの問題の1つ，または，クライエントの不安をつなぐ1つのテーマのどちらかに焦点を当てることだ。本書では，この選ばれた問題／テーマを提示された問題／課題と呼んでいる。

## 焦点 —— 問題，解決策，目標，それともすべてに当てるのか？

ソリューション・フォーカスト・セラピー（solution-focused therapy: SFT）では，問題ではなく，解決策に焦点を当てる。そこで，SFTをワークに取り入れると，問題そのものではなく，その解決策に焦点を当てられるようになる。SSI-CBTは，このスタンスに合わせることができる。私の立場は従来のCBTに近いものだが，私は，その人の問題，その問題に対する目標，そしてその問題に対する解決策に焦点を当てようとする。これはまさに，上の「ケースビネット」で私が述べた次の部分である。「このセッションで，他人から評価されることへの不安［クライエントの問題］に焦点を当てるというのは，よい考えかもしれません。そうすれば，より建設的なやり方で，あなたがこの不測の事態に対処する［解決策］のを手助けできます。多分，あなたが他人から評価されることについて不健全に心配するのではなく，健全に心配するようにお手伝いできると思い

ます［クライエントの目標に対する私の予想］。」

　SSI-CBT のプロセスのこの段階で，その人の問題についてあまり
具体的に説明することは重要ではない。というのは，すぐにもっと
具体的に定義することになるからだ。そうはいっても，もしあなた
が焦点を当てると同時に，その問題を具体的に定義する機会が得ら
れるのなら，そうしておくと，少し時間の節約になる。ここまで
でおわかりだと思うが，SSI-CBT では時間が非常に重要なのである。
焦点を定めるうえで大切なのは，解決策が含まれることであり，こ
の段階では，漠然としていてもかまわない。これはまさに，クライ
エントに対して，「……そうすれば，より建設的なやり方で，あな
たがこの不測の事態に対処するのを手助けできます。」と私が伝え
たところである。このように，クライエントが問題の解決策を見つ
けるように手助けすることが焦点に含まれるが，どのような解決策
になるかはあまり重視されない。クライエントの問題を明確に定義
するときにはこのように行う。そうすることは，この定義された問
題について具体的な目標を設定し，その問題に効果的に対処して，
問題に関する目標を目指すのに役立つ具体的な解決策を見つけるう
えで助けになる。ちなみに，クライエントはセッションの目標とし
て，解決策を見つけたいというような曖昧としたものを述べること
が多い。「この事態に，より建設的なやり方で対処する」という私
の言葉は，漠然とした解決策を指しており，これをセッションの後
半でより具体的にする。
　最後に，問題に関する目標や解決策なしにクライエントの問題
を取り入れただけの焦点を定めることは，継続的な CBT でも SSI-
CBT においても良い実践とはいえない。なぜなら，それはあなた
とクライエントの双方に目指すべきものを何も与えないからだ。そ

のため，できる限り避けるべきである。

## 焦点を維持するのか変更するのか

いったん焦点を定めたら，それを変えるだけの適切な理由がない限り，あなたは本人がその焦点を維持するように手助けする必要がある。セッションでいったん設定した焦点を変更する適切な理由はおもに次の2つである。1つ目は，最初に設定した焦点が不正確なことが明らかになった場合である。SSI-CBTで私が「誤ったスタート」と呼ぶことになってしまったのであれば，より正確な焦点を設けて，もっと良いスタートを切る必要がある。2つ目に，最初の焦点を維持することが，あなたとクライエントの作業同盟を脅かす可能性があるなら，この同盟を維持するために焦点を変える必要がある。もちろん，すでに設定した焦点を変更することは，時間をあまり生産的に使えていないということだが，不正確な焦点を維持すると，残された時間は無駄になるし，治療実践が不適切になってしまう。

## クライエントの話を中断して割り込む
## 可能性を伝えておくこと

クライエントによっては，一度共同で焦点を定めると，焦点を合わせることが比較的容易な人がいて，そこから離れたときには，焦点に戻るようそっと促すだけでよい。そうでない人の場合は，静かに促す以上のことが必要になる。話を中断してもらう必要があるのだ。焦点から外れてしまい，そこに戻るようにそっと促すだけでは足りないクライエントに中断してもらう際に，考慮すべき2つのおもな点がある。第1に，すべてのクライエントに，中断させてもら

う可能性を伝えておくのが最もよい方法であり，その際，クライエントにそのように中断する根拠を示し，許可を求めておくのが望ましい。以下は，私がこれを伝える際のやり方の例である。

> ウィンディ：あなたの話を中断する必要があるかもしれません。その目的は，私たちが合意した焦点をあなたが維持するお手伝いをするためです。人間である以上，あなたがその焦点から少し離れすぎてしまうことがあるかもしれません。そうなると，私たちは貴重な時間を失ってしまいます。このような場合に，あなたの話を中断する許可をいただけますか？

　私の経験では，クライエントの話を中断する理由を説明し，相手がそれを許可するなら，中断しても混乱は最小限に抑えられる。実際，クライエントによっては，自分が脱線しがちだと自覚していて，合意した焦点に戻してもらうことを歓迎し，積極的に中断してもらうことを望んでいる。

　第2に考慮すべき点は，クライエントの話を中断する際のあなたの態度と気配りの程度だ。SSI-CBT をはじめて行うセラピストの中には，クライエントの話を中断するのは治療に反する，あるいは失礼だと考えて気乗りしない人がいる。最初の点については，クライエントが焦点から離れた話をして時間を使うことは，一般的に良い結果にならないので，私は SSI-CBT では，クライエントの話を中断**しない**ことが治療に反すると主張したい。実際にそれは，クライエントが SSI-CBT から得たものを成し遂げる手助けにならない。2つ目の点については，中断の目的を説明したうえでそうする許可を得ているのなら，あなたが気を配って行う限り，クライエントの話を遮ることが失礼に当たることはほとんどない。ここでの失礼とは，

（1）気配りせずに，（2）根拠を示さずに，（3）許可を求めずに，そして許可を得ずにクライエントの話を遮る場合である。

最後に，クライエントの話を遮ることに抵抗がある場合，気が重くならずにできるようになるまでは，負担にならない程度に割り込むことをお勧めする。焦点に戻るようにそっと促すだけでは不十分で話を中断する場面について，同僚とロールプレイを行うのも助けになる。

## 焦点を定める —— ユージンの場合

> ウィンディ：では，記入していただいたセッション前の質問票に基づくと，このセッションで私たちが焦点を当てる必要があるのは，どの問題でしょうか？
>
> ユージン：プレゼンテーションをすることへの不安とプレゼンに対する私の態度です。
>
> ウィンディ：そして，このセッションで何を達成したいですか？
>
> ユージン：私は，いまのように人前でのプレゼンを避けるのではなく，それができるように態度を変えたいのです。

このやりとりについて，ポイントが2つある。まず，クライエントが自分の態度や態度の変化を治療の焦点にするのは少し珍しいが，望ましいことである。私は，この「態度」は，ユージンの問題に対する解決策に有用であり，そのこと自体が，人前でのプレゼンテーションを避けずに，これを実施するという目標を達成するのに役立つと思う。第2に，問題と目標が漠然と述べられており，これは，SSI-CBTの焦点のつくり方としては許容範囲内である。両者をより

包括的に理解することは，このセッションの後半で行われる。

　この章では，クライエントがセッションの焦点を定めるのを手助けし，焦点を設けたらそれを維持するという重要な点について述べた。次の章では，クライエントが自分の問題をより深く理解するのを援助する方法について述べる。

# 22章

# セッション,
# 3：提示された問題を理解する

クライエントが焦点を定めるのを援助したら，次の段階では，2つのことを行う手助けをする。まず，あなた方双方が，本人の提示した問題（つまり，SSI-CBTで取り組むために本人が選んだ1つの問題）をより明確に理解できるようになるために（これがこの章の焦点である），本人が，自分で提示した問題を言葉にできるように手伝い，次に，本人がこの提示した問題に関する目標を設定するのを手伝う（これは23章で述べる）。もし，まだその機会がなかったのなら，クライエントに，自分の提示した問題を自分の言葉で表現してもらう。クライエントがそうしているときに，その話を聞き取り，あなたは自分が利用しているアセスメントの枠組みを使って，話されていることを明確にすることをお勧めする。ここで使われるのは，一般的に利用されている「ABC」の枠組みのいずれかのバージョンである可能性が高い。

問題の理解には，「A」と「C」に位置づけられる問題に関する情報が含まれる。次の章で説明するように目標設定は，そこに問題が現れる「A」の情報と，「C」のより建設的な対応とで構成される。

# 提示された問題の理解

　上述のように問題を理解するとは，本人が実際に直面したあるいは直面したと思っている困難な状況「A」に対する，その人の対応「C」に関する情報を見つけることである。通常，CBT では，「B」（問題のある認知）が困難な状況「A」に対する対応「C」のもとになっていると，クライエントに理解してもらう前に，「A」と「C」について情報を集める。そこで，「B」のアセスメントに関する説明は 24 章に持ち越す。

# 対応「C」を理解する

　クライエントの提示した問題について，あなたが理解しようとするおもなシステムは，感情的，生理的，行動的，認知的な対応である。

### 感情的対応「C」

　私の経験では，SSI-CBT にクライエントが持ち込むことの多い，問題となる否定的感情は 8 つである。その中で，本人がすぐに変化を求めるのは，不安，抑うつ，罪悪感，嫉妬である。怒りの変化については両義的なことが多く，恥，傷つき，羨望が，本人の問題を特徴づけていることはあるが，本人がそれを理解するには手助けが必要である。

### 生理的対応「C」

　困難な状況「A」に対する生理的対応「C」は，人により異なっ

ていて，多分，不安で生じる生理的対応のばらつきが最も大きい。人は困難な状況に対して生理的に反応する一方で，その反応に注意の向くことがあり，そうするとその反応が「A」になって，さらに本人を困らせる。この現象は，メタ問題として知られているが，この章の後半でさらにくわしく説明する。

## 行動的対応「C」

　私の考えでは，2つのタイプの行動的対応に関心を向ける必要がある。1つ目のタイプは，上に挙げた感情的対応に伴う行動である。たとえば，クライエントが不安を経験すると，脅威となるものを回避する傾向がある。SSI-CBT（WD）のトレーニングで，先ほど挙げた問題となるそれぞれの感情を経験したときに，人がおもにどのような行動をとるのか学んでおくことを，私は提案している（Dryden, 2022b 参照）。あなたの実践するCBTのアプローチがどれであっても，これを学んでおくことは有益である。

　あなたが関心を向ける必要のある行動的対応の2つ目のタイプは，困難な状況から自分を守るために行う行動である。これには，回避行動（avoidance），安全行動（safety seeking），再確認行動（reassurance-seeking），過剰補償行動（overcompensatory behavior），アルコールや薬物の使用，そして，困難な状況に直面するのを減らすことがある。

　あなたは，本人が提示した問題において，上述の両方のタイプの行動的対応に関して，どのような具体的行動が行われているのかを見つけ出す必要がある。

## 認知的対応「C」

　「ABC」の枠組みでは，生活における困難な状況「A」に対する，本人のものの見方「B」によって，その人自身が困ること「C」に

なると考えられている。ここまで私たちは，動揺（disturbance）した
ときの感情的，生理的，行動的要素について見てきた。考慮すべき
最後の要素は，困難な状況に対する認知的対応である。ここには，
人が動揺したときに行う推論（inference）（否定的に偏りがちである）
や反芻（rumination），また，動揺したときの情報処理プロセスが含
まれる。さらに，困難な状況から自分自身を守ろうとするときの認
知を理解する必要がある。これは，回避行動，安全行動，再確認行
動，過剰補償行動に相当する認知である。

　クライエントが提示する問題に関連する「C」については，包括
的にデータを集める時間がないことを覚えておくことは重要だ。し
かし，もしあなたが，本人の問題におけるおもな要因「C」を発見
するために幅広い知識をもっているのなら，それが助けになる。

## 困難な状況「A」を理解する

　提示された問題について，困難な状況に動揺したクライエントの
対応の重要な構成要素を理解したら，この困難な状況の性質を理
解する必要がある。困難な状況には，2つのおもな構成要素がある。
1つ目は，問題が発生した実際の状況であり，2つ目は，その人が
最も動揺した状況という側面である。これについては，その人が推
論したものである可能性が高い。この後者の要素を理解することが
通常，最も重要である。

### 状況的「A」

　私は，困難が生じる状況を状況的「A」と呼んでいる。これは通
常，問題についてのより記述的な説明の中に現れる。つまり，ユー
ジンが，人前でのプレゼンテーションが不安だと話すとき，「人前

でのプレゼンテーション」が状況的「A」である。

### 推論的「A」

5章で私は，可能なら，クライエントが自分の困難な状況に健全に対処できるように支援することが重要だと指摘したが，じつはこの困難な状況が，その人の推論したものである可能性が高いことを上述した。また，5章では，人が援助を求めることの多い，問題となる8つの感情のそれぞれに関連するおもな推論を挙げた。SSI-CBT（WD）のトレーニングでは，この推論と感情との関連を学び，提示された問題に含まれるおもな感情の動揺に取り組む際に，推論上の困難な状況を見つけ出すことを提案している。どのようなCBTのアプローチを実践するにしても，SSI-CBTにクライエントが持ち込む可能性のある，それぞれの「C」に伴う「A」のタイプについてよく知っておくことは大切である。

#### 困難な状況を特定する――「マジカル・クエスチョン」の技法

SSI-CBTの推論的「A」をアセスメントする方法は多い。しかし，私の好きな方法の1つは，「マジカル・クエスチョン」の技法である（Dryden, 2022a）。以下で，この技法の使い方を紹介する。

・ステップ1：クライエントに，動揺した際の感情的「C」（たとえば「不安」）に焦点を合わせてもらう。
・ステップ2：クライエントに「C」が生じたときの状況に焦点を合わせてもらう（たとえば，「グループ・コンサルテーションで，これからみなの前で発表する」）。
・ステップ3：クライエントに尋ねる：「**何が得られれば，『C』（ここでは，不安）をなくしたり，大幅に減らすことがで**

きますか？」（この例で，クライエントは，「自分の頭が真っ白にならないこと」と答えた。）このとき，クライエントが状況を変化させないように注意する（つまり，「発表を行わない」というのはなしである）。

・ステップ４：その逆が多分「A」（たとえば，「頭の中が真っ白になること」）だが，確認しておく。質問：「**では，あなたはプレゼンしようとしたときに，頭が真っ白になることを一番心配していたのですか？**」そうでない場合には，クライエントがその動揺した状況で，何が最も不安だったのか，という点についてクライエントが納得するまで，繰り返し質問する。


## メタ問題があるかどうかを確かめて
## これを提示された問題にするかどうかを決める


4章でメタ問題の概念について述べた[注1]。これは，「A」という困難な状況に動揺したことによる人間特有の現象で，そのとき，その人が自分の対応に目を向けると，それが別の困難な状況になって，この2つ目の問題に悩むことになる。継続的なセラピーでは，メタ問題の存在により，セラピー内でもその外でも本来の問題に取り組めなくなった場合，そしてクライエントがそうすることの意味を理解できる場合にのみ，本来の問題よりも先にメタ問題を扱う。SSI-CBTでは，時間が限られているため，それがクライエントのおもな問題である場合にのみ，これに取り組むべきだと私は思う。もし，本人がメタ問題に気づいているならそれでよいが，そうでない場合は，あなたの考える根拠と，なぜこのワークに焦点を当てて，これをクライエントの提示する問題として扱うべきなのかを説明する必要がある。この例として，クライエントが自分の問題について強い

恥を経験している場合がある。しかし，クライエントが，メタ問題ではなく，本来の提示した問題に焦点を当てることを明確に望んでいる場合には，それを尊重すべきである。

## 提示された問題を理解する──ユージンの場合

ウィンディ：では，人前でのプレゼンテーションに不安を感じることについて，もう少しくわしく教えてください。プレゼンテーションを行う予定があったり，それに向けて準備したりしていますか？

ユージン：はい，しています。

ウィンディ：自分がプレゼンテーションするところを想像してみてください。そのようなプレゼンをする際に，あなたが一番不安なのはどういうところですか？

　（私が使っている「ABC」の枠組みでは，「A」は困難な状況を意味する。これは，本人が問題としている状況〔ユージンの場合は，人前でのプレゼンテーション〕，および，その人がこれらの状況に関して困難だと思うことを含んでいる。これから私は，その何が困難なのかを見つけ出そうとしている。ここでは，クライエントの問題について，これから先に起きる具体的なことを例にワークを行っていることに注意してほしい。前に説明したように，問題となる可能性の高い状況にその人が次に出会ったときに，SSI-CBT のプロセスで学んだことをより容易に実践できるので，このようにしている。）

ユージン：そうですね，私は緊張するかもしれませんし，それを人に見られるかもしれません。

ウィンディ：あなたが最も不安に思うのはどちらでしょう……，
　緊張することなのか，それとも緊張しているのを人に見られ
　ることなのか？

ユージン：どちらも同じくらいです。

ウィンディ：1つずつ見ていきましょう。不安になるのは，あ
　なたにとって何を意味しますか？

ユージン：私に欠点があることを意味していると思います。

ウィンディ：それで，あなたが緊張するのを人に見られること
　は，何を意味するのでしょう？

ユージン：私に欠点があると人にも思われるということです。

　（つまり，ユージンの「A」は，「人前でプレゼンテーションを行っ
たときに，緊張して，その様子を見られるのは，自分に欠点があると，
自分にも他人にも知られること」なのである。）

ウィンディ：この状況で不安になったら，どうしますか？

ユージン：まあ可能なら，発表をやめます。

ウィンディ：そうですか，それを避けるのですね。避けられな
　い場合はどうするのですか？

ユージン：うーん，準備や練習をたくさん行います。やりすぎ
　なくらい。

ウィンディ：つまり，準備のしすぎやリハーサルのしすぎとい
　うことですか？

ユージン：そうです。

ウィンディ：他に何かありますか？

ユージン：えーと，プレゼンの直前に，緊張を和らげるためウ
　イスキーを何杯か飲んで，神経を落ち着かせます。

ウィンディ：会場の中ではどうですか？　どのように症状を隠
　　そうとするのですか？

ユージン：パワーポイントを使って，聴衆には背を向けて，ス
　　クリーンに向かって話します。

ウィンディ：それで，不安が襲ってきたとき，あなたはどんな
　　ことを考えますか？

ユージン：まわりの人は，私が失敗するのを待っているように
　　思います。

　以下は，ユージンの問題について，私が使っている「ABC」の枠
組みを用いてまとめたものである。「A」を状況的要素と推論的要
素に分けていることに注意してほしい。

「A」（状況的）：人前でのプレゼンテーション

「A」（推論的）：緊張するだろう，それは，自分に欠点があると
　　いうことだ。まわりの人は私が緊張しているのを見て，私に
　　は欠点があると考えるだろう。

「B」（問題となる認知）：未評価

「C」（感情）：不安

「C」（行動）：（「A」の）回避
　　　もし「A」を回避できない場合：
　　　　　・事前に過剰な準備と過剰なリハーサルを行う
　　　　　・会場に入る前にアルコールを摂取する
　　　　　・会場では他の人たちから隠れる

「C」（認知）：人は私が失敗するのを待っている

# 提示された問題からの一般化

本書の前のところで，SSI-CBT のセラピストが身につけるべきスキルの 1 つは，特定の問題から一般的な問題へ，そして必要があれば，またもとのところへと簡単に移れることだと述べた。この章では，クライエントの提示する問題を特定する方法について述べてきたが，提示された問題を構成する文脈以外でも，その問題が経験されるのかどうかを尋ねておくことも大切である。以下は，ユージンにこれを尋ねる際の私のやり方である。

> ウィンディ：では，人前でのプレゼンテーションについて，あなたが不安を感じるおもな点は，緊張すると自分にも他の人にも，あなたには欠点があるとわかってしまうことです。それで合っていますか？
>
> ユージン：その通りです。
>
> ウィンディ：他の状況でも，これはあなたにとって問題になりますか？
>
> ユージン：はい。基本的に，自分が注目される状況で，私が何か弱みを見せる可能性のあるときにそうなります。
>
> ウィンディ：それで，そのような状況で不安になるのですか？
>
> ユージン：はい，できるだけ，避けるようにしています。
>
> ウィンディ：それで，私たちがおもに焦点を当てるのは，人前でのプレゼンテーションですが，このような発表への対処について学んだことを，他の場面，注目されて自分の欠点や弱さを自分自身や他の人に見せるかもしれない他の場面にも，どうすれば一般化できるのかを考えてみることには，意味が

　ありますか？

ユージン：それができるなら素晴らしいです。

　ここでは一般化について，ユージンの問題の解決策を見つける手助けを行う前に取り上げたが，この話題は解決策を選択して，リハーサルを行い，実行するための計画を立てた後でも取り上げることができる。

　この章では，提示された問題を理解することについて扱ったが，次の章では，とくに，SSI-CBT における一般的な目標の設定と，提示された問題に関する目標の設定について説明する。

**注釈**

1　メタ問題とは，ここでは，問題についての問題という意味である。

# 23章

# セッション，4：目標の設定

## セッションの目標と問題に関する目標

セラピストであるあなたが自分とクライエントに対して，提示された問題の「A」と「C」の特徴を理解するように手助けしたら，クライエントに目標を尋ねるよいタイミングである。SSI-CBT では，2 つの異なる目標がある。つまり，**セッションの目標**（あなたとのこのセッションでクライエントが達成したいこと），そして，**問題に関する目標**（クライエントが提示した問題について達成したいこと）である。

## セッションの目標についての質問

セッションの目標についてクライエントに尋ねるとき，質問の言葉を工夫する必要がある。以下は，セッションの目標に関する良い質問の例である。

・「セッションから何を持ち帰ると，今日来た甲斐があったと思えますか？」
・「セッションから何を持ち帰ると，自分の持ってきた問題に効果的に対処できるという感じをもてますか？」
・「セッションから何を持ち帰ると，行き詰まりから抜け出すた

めの役に立つでしょうか？」

　私の経験では，セッションの目標に関する質問に答えるとき，クライエントの答えは漠然としていることは多いが，私はそれを，提示した問題に対するより具体的な解決策の兆しだと思っている。

　たとえば：

・「私は，不安解消に役立つヒントを探しています」
・「自分の問題に対処するための何か役に立つツールを教えてほしいと思っています」
・「物事を違ったふうに見ることができるように助けてもらえるとよいのですが」

## 問題に関する目標

　先ほど，問題に関する目標とは，その人の問題に関係している目標だと述べた。あなたとクライエントが問題のアセスメントをすませた後で，クライエントに問題に関する目標を尋ねる場合，その質問はアセスメントに基づいたものになる。したがって，同じ質問を問題のアセスメント前に行うより，この時点での方が，より価値のある明確な目標を得られる可能性が高い。

　たとえば，クライエントが人前で話す不安への援助を求めて SSI-CBT に訪れた場合，問題をアセスメントする前ならば，あなたはクライエントに次のように尋ねるかもしれない。

・「どのような気持ちで，人前で話をしたいのですか？」［問題のアセスメントから情報を得ていない質問］

アセスメントの後であなたは，次のように尋ねるかもしれない。

・「不安で頭が真っ白になることに対する対応（クライエントの問題となる対応）の代わりに，このようなことが起きたときの受け入れ可能で建設的な対応は何でしょうか？」［問題のアセスメントから情報を得たうえでの質問］

## 状況的「A」への対応よりも困難な状況（推論的「A」）への対応を目標とすることの重要性

セラピーにおいてクライエントが自分の問題について話すとき，本人が問題だと考える実際の状況での動揺した対応について話すことが多い。前に述べたように，私はこれらの状況を状況的「A」と呼んでいる。そして，ユージンが最初に，SSI-CBTで何に焦点を当てたいのかを私に話したとき，彼は，人前でのプレゼンテーションが不安だと述べた。さらに聞いていくと，ユージンにとって人前でのプレゼンテーションの何が一番不安なのかがわかった。それは，緊張すると，自分にも他人に対しても，欠点を露呈してしまうということだった。私が使っている「ABC」の枠組みでは，人前でのプレゼンテーションは，ユージンの状況的「A」であり，自分や他人に欠点を露呈することが推論的「A」である。私の考えでは，ユージンの推論的「A」が彼の困難な状況である。

人は，自分の問題を提示するときに，状況的「A」に目を向けることが多いようだ。この場合，自分の困難な状況（通常，推論的「A」）に関する目標を設定するように導かれなければ，目標を考えるときにもその人は同じことをする。セラピストであるあなたは，

そのように導く根拠を示し，2人で先へと進む前に，クライエント
はこれを受け入れる必要がある。本章の終盤で，私はユージンとこ
のことを扱っている。

## クライエントが困難な状況に対して<br>健全に対応するように手助けする

　困難な状況に向き合うことについて目標を設定する重要性をクラ
イエントが理解したら，あなたの次の役割は，その困難な状況に対
する健全な対応をつくり上げるように手助けをすることである。こ
れが，クライエントの提示した問題に関する目標になる。

　問題を理解するためのワークにおいて，あなたが特定した構成
要素「AC」を取り上げることが，これを行ううえで最もよいやり
方だと私は考える。構成要素「A」は，問題が生じる状況（状況的
「A」）と，その人が最も悩まされていること（推論的「A」）である。
ここまで述べてきたように，私の考えでは，推論的「A」はほとん
どの場合，困難な状況である。クライエントと目標を設定するとき
には，これら2種類の構成要素「A」を同じように維持しておくこ
とだ。そうしないと，困難な状況に建設的に対処できるようにクラ
イエントを援助することができない。構成要素「C」は，困難な状
況に対する感情的，行動的，認知的対応である。その人が健全に対
応するのを手助けするには，理想としては，前述のような3つのカ
テゴリーにおける各々の不健全な対応（つまり，感情的対応，行動的
対応，認知的対応）に対して，それに代わる健全な対応を見つけるよ
うに手伝う必要がある。本章の最後で，ユージンとのワークにおい
てこのやり方の例を紹介する。

### 健全な行動的対応

　おそらく，最もわかりやすい健全な対応の構成要素は，行動的なものである。後述するが，可能であれば，不健全な行動をしないことよりも，健全な行動をする方に本人の目を向けてもらうことが重要だ。

### 健全な認知的対応

　困難な状況に対する健全な認知的対応（つまり，困難な状況的「A」への対応を媒介する「B」ではなく，感情を伴う対応「C」）をつくり上げるうえで，有用な経験則は次の通りである。健全な認知的対応はバランスがとれていて，「A」の否定的，中立的，肯定的な特徴（たとえば，「私が緊張しているのを見ると，否定的に評価する人がいるかもしれないが，私に同情する人もいるだろうし，ある人は気づきもしないだろう」）を含んでいる。これに対して，不健全な認知的対応は，非常に歪んでいて否定的な方向に偏っている（たとえば，「私が緊張しているのを見ると，みんなが私を否定的に評価する」）。

### 健全な感情的対応

　5章で述べたように，クライエントが困難な状況に直面して苦しみ，SSI-CBTにやって来たときに，その困難な状況に対して建設的に対処する機会を提供する。CBTのあるやり方では，クライエントに自分の推論的「A」が歪んでいることを理解するように手助けして，その歪んだ推論に疑問を投げかけることを強調している。このようなスタンスが役に立つことは多いが，クライエント本人の考え方に基づいて困難な状況に建設的に対処するのを援助するものではない。さらに，クライエントが，自分の推論が正しいという状況に出会う可能性もある。つまり，ユージンは，人前でのプレゼンテ

ーションで緊張していることを知られると，聴衆からも自分に欠点があると思われるという思い込みで，現実を歪めているかもしれないが，実際にそうなる可能性もあるのだ。そこで，私のアプローチは，このような事態に対処できるような援助を彼が必要としているという考えに基づいている[注1]。

　人が困難な状況により問題が生じると，通常，否定的感情を経験する。この否定的感情が，人を行き詰まらせてしまうとき，私はこれを「不健全」と呼んでいる。この否定的感情はさまざまな非建設的な行動や認知的対応と結びついており，困難な状況に向き合い，それに対して建設的に対処しようとする意欲をくじく。一方，困難な状況に建設的に対応する場合でも人は否定的感情を経験している。これはなぜだろう？　それは，困難な状況は否定的なものであり，否定的なことが起きたときに否定的感情を抱くのは，健全なことだからだ。この否定的感情が，その人を行き詰まりから救い出すことにつながる場合，私はこれを健全と呼んでいる。それは，さまざまな建設的な行動や認知的対応と関連しており，困難な状況に向き合って，建設的に対処するように促す。

　困難な状況に対する健全な感情的対応についてクライエントと検討するのは難しいことが多い。というのも一般的に人は，健全な感情的対応とは，健全な否定的感情が存在することではなく，不健全な否定的感情の減少や解消を伴うものだと考えているからだ。また，英語には，不健全な否定的感情と明確に区別される形で，健全な否定的感情を表す言葉がない。したがって，提示された問題においてクライエントが経験する不健全な否定的感情と，目標に到達したときにクライエントが経験する健全な否定的感情の両方について，クライエントと扱うことが重要である。

# SSI-CBT における効果的な目標設定に対する
# 障害への対処

　SSI-CBT では時間が限られているが（本書で繰り返し述べていることである！），クライエントが現実的な目標を設定するのを援助するために時間をかけることには意味がある。とくに，そのような目標を効果的に設定するために，対処すべきいくつかの障害がある。ここでは，SSI-CBT で出会う最も一般的な障害とその対応に関する簡単なガイドラインを示す。

### クライエントが漠然とした目標を設定する場合

　クライエントが漠然とした目標を設定することがある。その場合はこの目標を，困難な状況的「A」に対して，クライエントの望む感情的，行動的対応について，そして，関連するなら，認知的対応についても，できるだけ具体的にするような手助けが重要である。

### クライエントが「A」の変化を望む場合

　クライエントが，「A」に対する非建設的な対応を建設的なものに変えるのではなく，状況的「A」または，推論的「A」のどちらかを変えたいと思うことはよくある。その場合，そして「A」が変えられるものなら，「A」を変える最もよいタイミングは，クライエントのこころがそれを実現できる健全な状態のときである。つまり，この「A」に建設的に対応できるときに変化が達成可能だと，クライエントに理解してもらう。これは，「A」を変える前に「C」を変える必要があるということだ。

## クライエントが他の人の変化を望む場合

　クライエントの提示した問題の中心が，他の人やグループとの関係である場合，クライエントの目標は，他の人を変えることかもしれない。他人の行動を，クライエントが直接コントロールすることはできないので，この目標が不適切だとクライエントが理解するように手助けする必要がある。しかし，他人に影響を与えようとする試み自体は，クライエントが直接コントロールすることができるし，行動を変えられる可能性はある。その意味では，これは適切な目標である。しかし，クライエントが影響を与えようと試してもうまくいかないとき，自分の対応について考えるようにクライエントを手助けすることが大切なことは多い。このような場合，失敗した試みに対して，クライエントが建設的に対処できるように援助することはしばしば重要である。

## クライエントが問題のある対応の経験を弱めることを目標にする場合

　困難な状況的「A」に関する目標について尋ねたとき，クライエントは，自分が提示した問題の特徴となっている感情の動揺を弱めたいと述べることは珍しくない（たとえば，不安を減らす）。多くの CBT のセラピストは，これを適切な目標として受け入れるかもしれないが，SSI-CBT（WD）では，次の理由で問題があると捉える。REBT の理論では（これは SSI-CBT〔WD〕を支えるものである），クライエントが硬直した態度をとると，自分の好み（たとえば，受容）を優先して頑なになる（たとえば，「私は受け入れられたい。だから受け入れられなければならない」）と考えている。柔軟な態度をとれば，好みが同じであっても，できるだけ頑なさを打ち消して柔軟さを保つ（たとえば，「私は受け入れられたい。でも，そうである必要はない」）。好みが満たされないときに，硬直した態度と柔軟な態度の両方におい

て，前者では不健全な否定的感情の強さが，後者では健全な否定的感情の強さがその好みの程度によって決まる。このような状況で好みが強いほど，どちらのタイプの否定的感情も強くなる。そこで，SSI-CBT（WD）における私の目標は，不健全な否定的感情の強さを減らす方向で努力するようにクライエントを励ますのではなく，不健全な否定的感情よりも健全な否定的感情を相対的に強く経験するように手助けすることである。

**問題のある対応を経験しないという目標をクライエントが設定する場合**

また，クライエントが問題をなくすことを目標（たとえば，「講演するときに不安を感じたくない」）にする場合にも備える必要がある。クライエントがこう話すとき，何も対応をせずには生きていけないとわかるように手助けすることが重要であり，そこから，困難な状況に対して一連の健全な対応を行うことを，本人の目標として話し合える。

**クライエントが状況的「A」への肯定的な対応を目標に設定して困難な状況を避ける場合**

クライエントに目標を尋ねたときに生じうる別の例として，本人が状況的「A」に対する肯定的な対応を目標として，その一方で，困難な状況（通常は推論的「A」）を避ける場合がある。たとえば，ユージンがこのやり方をとるとしたら，彼は次のように言うだろう。「私は自信をもって人前でプレゼンテーションできるようになりたい」。しかし，そうしようとするなら，彼は，緊張すると自分自身や他人に欠点を知られてしまうという，困難な状況への対処を避けることになる。したがって，ユージンへの適切な関わりとし

ては，緊張するのは自分自身や他人に欠点を示すことだと彼が考え
ている一方で，どうすれば，人前でのプレゼンテーションに自信を
もてるようになるのかと，彼に尋ねることである。ユージンがまず
困難な状況に対処し，困難な状況について適切な目標を設定するの
を手助けすることで，彼が次の段階に進み，自分のパフォーマンス
への自信を高めるように援助できる。このやり方は，たとえるなら，
ロンドンからウィンザーまで電車で行きたいが，ロンドンからウィ
ンザーまで直通の電車はないので，スラウで乗り換えてウィンザー
に行くしかないというものである。

## 提示された問題に関する目標を設定すること
### ── ユージンの場合

ウィンディ：さて，あなたが何に不安なのか，そしてその不安
のおもな特徴についてある程度わかりましたので，このセッ
ションであなたが何を達成したいのか話し合いましょう。よ
ろしいですか？

ユージン：わかりました。

ウィンディ：ここで話し合って，何を達成したいのですか？

ユージン：私はもっと上手に，人前でプレゼンテーションでき
るようになりたいのです。

（開かれた質問を使って目標を尋ねたところ，ユージンは，推論的
「A」ではなく，状況的「A」への対処について一般的な答えを返して
いることに注目してほしい。ここで私は，彼の困難な状況〔つまり，
推論的「A」〕に焦点を当て，それに関する目標を設定するように手助
けする。）

ウィンディ：私たちがまず，あなたが欠点と呼ぶものに対処す
　　るとしたら，それができるようになると思いますか？　また，
　　それに対処しない場合はどうでしょう？

ユージン：私たちがそれに対処すれば，できるようになると思
　　います。

ウィンディ：わかりました。まず要約してみます。人前でのプ
　　レゼンテーションに関するあなたの一番の不安は，緊張する
　　のは自分に欠点があるという意味だというあなたの考えと，
　　不安になっているところを見られると，他の人はあなたに欠
　　点があると思うだろうというあなたの推測です。それで合っ
　　ていますか？

ユージン：はい。

ウィンディ：これまで見てきたように，そのような困難な状況
　　について不安になっても，何の助けにもなりません。では，
　　欠点があって，他の人もそう思うだろうと仮定するなら，欠
　　点があること，そして，欠点があると他の人から見られるこ
　　とに対する，より建設的な対応は何でしょうか？

　（他の CBT のアプローチでは，治療上，自分が緊張することの推論
的意味〔つまり，欠点があるということ〕，ならびに，彼の緊張に対す
る他の人の反応に関する推論的な予測〔つまり，他の人が彼の緊張を
欠点だと見なすこと〕を再評価するようにユージンを援助することに
重点を置くかもしれない。SSI-CBT〔WD〕では，まず，評価的な意味
を特定し探求するために，一時的に推論が有効だと仮定してそれに焦
点を当てる。これは，SSI-CBT〔WD〕が最も参考にする CBT のアプ
ローチである REBT に合ったやり方である。）

ユージン：気にしないようにすることです。

（上記のように，人は感情的な反応をなくすことを治療目標として
提示することがよくあるのだが，これを SSI-CBT では，適切な目標と
して受け入れないことが重要だと述べた。）

ウィンディ：そうなるように手助けできる唯一の方法は，自分
　　自身に嘘をついてもらい，欠点があっても，また，欠点があ
　　ると他人に思われても，それはたいしたことではないとあな
　　たに信じてもらうことです。それは可能でしょうか？
ユージン：いいえ，無理だと思います。
ウィンディ：では，欠点に気づかれてしまうという予想に関す
　　る代わりの否定的感情，事前に水は飲むがアルコールは飲ま
　　なくてすむような感情，そしてプレゼンテーションの間，聴
　　衆から隠れるのではなく，聴衆と向き合うことができるよう
　　な代わりの否定的感情をあなたがもつように手助けするのは
　　どうでしょう？　それは，もし一部の人がそうだとしても，
　　ほとんどの人は，あなたの失敗を待ち望んではいない，とあ
　　なたに思わせるような感情です。どう思われますか？

（ここで私は，次のようなことを行った。(1) 困難な状況的「A」
に直面したときに，否定的感情「C」を経験することは健全だと指摘
し，気にしないことに代わる現実的な選択肢を提示した。(2) クライ
エントの非建設的な行動に対して，建設的な行動の選択肢を提案した。
(3) ユージンの不安に伴う非常に否定的で偏った認知とは対照的な，
心配に伴うよりバランスのとれた認知的対応を提案した。）

ユージン：まあ，その方がより現実的な感じですから，そうで
　　すね。
ウィンディ：けっこうです。私はこの感情を，不安を伴わない
　　心配と呼ぶことにします。それでよいでしょうか？
ユージン：はい。では，不安と不安を伴わない心配を区別する
　　のですか？
ウィンディ：はい，そうです。
ユージン：わかりました。

　私が使っている「ABC」の枠組みを用いて，ユージンの目標をこ
こでまとめてみる。ユージンの目標にも彼の問題と同様に，「A」
の状況的要素と推論的要素の両方があることに気づくだろう。クラ
イエントが，（もし困難な状況を本当に変えられるとしたら）それを変
えようとしたり，（もし「A」が歪んでいるなら）それに疑問を呈した
りする前に，現実であっても想像であっても，人が困難な状況に建
設的に対処するのを援助するという，私好みの実践をここでは示し
ている。

「A」（状況的）：人前でプレゼンテーションを行う
「A」（推論的）：私は緊張するだろう，つまり自分には欠点があ
　　るということだ。まわりの人たちは，私が緊張しているのを
　　見て，私には欠点があると考えるだろう。
「B」（健全な認知）：未評価
「C」（感情）：心配だが，不安ではない
「C」（行動）：「A」に立ち向かう
　　　・プレゼンテーションの準備とリハーサルを行うが，や

りすぎない。

・会場に入る前にアルコールではなく水を飲む

・会場で聴衆から隠れるのではなく，向き合う

「C」（認知）：私が失敗するのを待っている人がいるかもしれないが，ほとんどの人はそうではない

## 目標からの一般化

前の章の最後で，私は，SSI-CBT のセラピストにとって，具体的な焦点から一般的な焦点へと自由に行き来することが大切だと述べた。この文脈において，あなたとクライエントが，クライエントの提示した問題と，その要素「A」と「C」を理解してから，クライエントが他の文脈でも同じ問題を経験するかどうかを，クライエントと一緒に確かめることが大切である。もしそうならば，提示された問題について SSI-CBT から学んだことを，他の状況に一般化できるし，要望があればこれについての手助けがもらえると，クライエントがわかるように援助することが重要である。もし，クライエントが自分の提示した問題は，より一般的な問題の一例だと述べるなら，本人の目標に関連した同種の問題が生じることがあるとわかる。そこであなたは，提示した問題について選ばれた目標を，クライエントが経験するより一般的な問題に関する幅広い目標としても位置づけたいのかどうか尋ねることができる。

以下は，これに関するユージンとの進め方である。

ウィンディ：先ほど，人前でのプレゼンテーションに関するあなたの不安が，対人状況で注目されると弱みが露呈するという，より一般的な問題の具体例であることがわかりました。

人前での発表という文脈で生じるこの問題について，私たち
　　が設定した目標は，自分や他の人に対して欠点を露呈するこ
　　とを不安に思うのではなく，心配しながらもその状況に直面
　　し，聴衆から隠れようとするのではなく人と向き合い，アル
　　コールを使わずにこれらすべてを行うことです。また，発表
　　のための準備やリハーサルを行うけれど，やりすぎない。こ
　　れで合っていますか？

ユージン：はい，その通りです。

ウィンディ：では，この目標は，あなたが注目されて，自分や
　　他の人に欠点が露呈してしまうかもしれないという他の状況
　　に直面したときにも当てはまりますか？

ユージン：はい，たいていそうです。

ウィンディ：では，人前でのプレゼンテーションにより建設的
　　に対処することに焦点を当てつつ，同じ目標を，不安を引き
　　起こす他の関連する文脈でも達成できる方法を探してみまし
　　ょうか。

ユージン：それは素晴らしいですね。

　この章では，セッションの目標と問題に関する目標とを扱っ
た。後者については，クライエントが，自分の提示した問題の要素
「A」と「C」を理解するようにどう手助けするのか，そして，その
同じ「A」に対して，適切な目標「C」を設定することについて述
べた。次の章では，「A」と「C」を媒介するものであり，問題とな
る認知「B」を理解するようにクライエントを援助することについ
て考える。

**注釈**

1　もちろん，ユージンがそれを行う意味を理解していることが前提である。

# 24章

# セッション，
# 5：中心的メカニズムの特定

## イントロダクション

「人は出来事によってではなく，出来事に対する見方によって悩まされる」という，エピクテトスの有名な言葉は，感情障害における認知の役割を端的に表す言葉として使われている。CBTのセラピストの多くが使っている「ABC」の枠組みでは，「B」は困難な状況的「A」について私たちのもっている認知を表し，この認知は，困難な状況に対する私たちの対応「C」を説明する。4章で述べたように，CBTにおけるアプローチの違いによって，精神的障害の説明と治療における「B」の性質や重要性についての見解は異なっている。問題となる認知や意味がそのような障害を説明していて，そういった認知を修正する必要があるという考え方のCBTのアプローチでは，そのアプローチに応じてこれらの認知にさまざまな呼び方がある。以下は，問題とされる認知のリストの一部である。

- 否定的自動思考（negative automatic thoughts）
- 認知の歪み（cognitive distortions）
- 機能不全的想定（dysfunctional assumptions）
- 不合理な信念（irrational beliefs）

・不適応的スキーマ（maladaptive schemas）

　これらの言語的構成要素に加え，イメージについても考慮する必要がある。

　これらの問題となる認知を本書では，「中心的メカニズム」と呼ぶが，これは，問題になっている困難な状況に対して，クライエントが行う問題のある対応を説明できる。

　あなたが，問題となる認知をクライエントが修正する手助けをするために，それを特定して扱うことが大切だと考える CBT のセラピストだと仮定する。その場合，あなたは自分のアプローチで優先して扱う認知を探して，時間的制約がある SSI-CBT の枠組みの中で使う必要のあるさまざまな方法を用い，クライエントがその認知を検討して変えるのを手伝うことになる。

　あなたが，そのような認知の存在自体が問題（つまり，中心的メカニズム）なのではなく，クライエントが，いわゆる問題行動と呼ばれるものに関わっていると考える CBT のセラピストだと仮定する。その場合は，そのような認知に関わったり，排除しようとしたりするのではなく，そのような認知をマインドフルに受け入れて，その上で価値に基づく行動にコミットするように促す方法を見つけることになる。

　この章で私は，通常，問題となる認知という形でその中心的メカニズムを特定することを考えている。次の章では，問題となる認知にどのように対処し，より建設的な中心的メカニズムを開発するためにクライエントをどう支援するかを考える。SSI-CBT における中心的メカニズムの特定と対処という役割を説明する一番良い方法は，SSI-CBT（WD）において，私がこれら 2 つにどうアプローチしているかを示すことだ。私は自分のワークで，マインドフルネスとアク

セプタンスに基づく技法を用いているが，中心的メカニズムの特定
と対処についての私のアプローチが，修正を基本とする立場にある
ことは確かである。

## SSI-CBT (WD) における
## 中心的メカニズム (問題となる認知) の特定

　本書の実践編において，ここまで私は，焦点を定めて問題の中心
にある困難な状況（枠組み「ABC」の「A」）とこの困難な状況に対す
る本人の対応である「C」を理解し，この提示された問題に関連す
る目標を設定して，その問題に取り組むことについて述べてきた。
　次の段階は，クライエントが，（1）自分の提示した問題と（2）
その問題に関する目標において，認知の果たす役割を理解するのを
援助することだ。私は，（1）については，これらがどのような認知
なのか，（2）では，どのようなより健全な認知を開発できるのかに
ついて，クライエントが具体的に特定することを手助けする。私は
これを以下のように行っている。

1. クライエントの提示した問題と目標の「A」と「C」の要素を
　特定した結果，何がわかっていて何がわかっていないのかを，
　本人と一緒に振り返る。

　ウィンディ：では私たちが，何がわかっていて何がわかってい
　ないのかを，振り返りましょう。人前でプレゼンテーション
　をしなければならないときに，不安な気持ちになることはわ
　かっています。また，あなたがこの状況で一番不安に思うの
　は，緊張することで自分自身や聴衆に自分には欠点があると

わかってしまうことです。これで合っていますか？

ユージン：はい，合っています。

ウィンディ：あなたは自分にそのような欠点があることが嫌だと思っていて，その欠点を他の人に知られたくないと思っていることもわかっています。それでよいですか？

ユージン：はい。

　（ここで私は，ユージンの態度に関する私のアセスメントの第1段階を示している。REBT の理論では，硬直した態度と柔軟な態度の中心にあるものは共通だと考えている。つまりユージンの場合は，欠点をもちたくないということと，それを他人に知られたくないということである。私がまだ，次のような彼の推論に，異議を述べていないことに注意してほしい。(1) 緊張することは欠点であり，(2) その場にいる他の人もそれを欠点だと考えるだろう。もし，こうした推論に異議を述べる必要があるなら，それは，ユージンがこういった困難な状況に対して柔軟な態度をとれるように手助けした後になる。）

ウィンディ：まだわからないことは，あなたの不安が何に基づいているのか，そして，この困難な状況に対してあなたの目指す感情が何に基づいているのか，ということです。そこで，私を手伝っていただきたいのです。よろしいでしょうか？

ユージン：わかりました。

2. 次に私は，クライエントの好み（これは，硬直した態度と柔軟な態度の両方に共通するもの）を取り上げて，本人の提示した問題が，硬直した態度に基づくものなのか，柔軟な態度に基づくものなのかを尋ねる。

ウィンディ：では，あなたが人前でのプレゼンテーションに不安を感じているとき，あなたの不安は，1. そのような欠点はない方がいいし，他の人にそれを気づかれない方がいいので，こういったことは絶対に起きてはいけないという態度に基づいているのでしょうか？　それとも，2. そのような欠点はない方がいいし，他の人にそれを気づかれない方がいいけれど，残念ながらこういったことが起きることもあるという態度に基づくものなのでしょうか？

ユージン：私が不安なとき，その不安はあなたの言った最初の態度に基づいています。

　　（ここで私は，ユージンの問題の中心にあるのは問題となる認知であり，これが硬直した態度という形で表現されていることを彼にわかるようにした。私が，REBT の理論に従っている点に注意してほしい。他の CBT のセラピストは，その人のアプローチを支える理論に従う。）

3. 次に私は，もしそれに代わる柔軟な態度をたしかに信じていて，その態度を目標に結びつけるとしたら，どう感じるのかをクライエントに尋ねる。

ウィンディ：それで，もしあなたがもう 1 つの態度，つまり，そのような欠点はない方がいいし，他の人にそれを気づかれない方がいいけれど，運悪くこういったことは起きることがあるという別の態度をたしかに信じているとしたら，どう感じるでしょうか？

ユージン：もし本当にそう信じているなら，あなたが心配と呼ぶものを感じるでしょう。

ウィンディ：それは，私たちが目指す感情的な目標だと合意し
　　たものですね。

ユージン：そうです。

ウィンディ：それで，人前でのプレゼンテーションで緊張する
　　という欠点をもちたくないし，この欠点を他の人に知られた
　　くない場合，このことに固執すると不安になってしまうこと
　　がわかりますか？

ユージン：そうですね，それはわかります。

ウィンディ：そして，その点が柔軟だと，人前でのプレゼンで
　　緊張し，他の人にそれを見られて，自分でも思っているよう
　　に，他の人もあなたに欠点があると思うだろうと予想して心
　　配になるけれども不安ではない，ということがわかります
　　か？

ユージン：はい，理解できます。

ウィンディ：あなたが目標に向かうために，私は何をお手伝い
　　するとよいでしょうか？

ユージン：柔軟な態度を信じるように手伝ってくれることです。

　表24.1に，ユージンの提示した問題と彼の問題に関する目標の
両方について，「ABC」アセスメントの概要を示す。「A」は双方に
共通していることに再度注意していただきたい。

4. クライエントの提示した問題において，問題となる認知（硬直
　　した態度）という形をとる中心的メカニズムと，本人の目標で
　　ある健全な代わりの認知（柔軟な態度）という形をとる中心的
　　な新しいメカニズムを特定するためのワークの最後に，私は次
　　のようなことを行う。まず，この2組の認知が，クライエント

**表 24.1　ユージンの提示した問題とその問題に関する目標についての「ABC」ア セスメント**

| 提示した問題 | 目標 |
|---|---|
| 「**A**」（状況的）：人前でのプレゼンテーション | 「**A**」（状況的）：人前でのプレゼンテーション |
| 「**A**」（推論的）：<br>(1) 私が緊張するのは，私に欠点があるということだ<br>(2) 聴衆は私が緊張しているのを見て，私に欠点があると思うだろう | 「**A**」（推論的）：<br>(1) 私が緊張するのは，私に欠点があるということだ<br>(2) 聴衆は私が緊張しているのを見て，私に欠点があると思うだろう |
| 「**B**」（硬直した態度）：「緊張するという欠点はない方がいいし，他人に知られたくないので，両方ともけっしてあってはいけない」 | 「**B**」（柔軟な態度）：「緊張するという欠点はない方がいいし，他人に知られたくないけれど，残念ながらこういったことは起きてしまう」 |
| 「**C**」（行動 1）：回避<br>　　　（行動 2）：「A」を回避できない<br>　　　　　場合：<br>・事前の過剰な準備と過剰なリハーサル<br>・会場に入る前にアルコールを飲む<br>・会場で聴衆から隠れる | 「**C**」（行動）：「A」と向き合う：<br>・過剰ではない準備と過剰ではないリハーサル<br>・会場に入る前にアルコールではなく水を飲む<br>・会場で聴衆から隠れるのではなく向き合う |
| 「**C**」（認知）：人は私が失敗するのを待っている | 「**C**」（認知）：私が失敗するのを待っている人もいるが，ほとんどの人はそうではない |

の問題が生じる他の文脈にも存在するのかどうか，そして本人の目標に関係しているかどうかを尋ねる。もし，認知のアセスメントが正しければ，この 2 組の認知は一般的に存在する。その場合，私はクライエントに，他の文脈で問題に対処するときに，これらの認知を探してみるように勧める。

この章では，クライエントの提示した問題を説明する，中心的メカニズムの特定を手助けすることについて述べた。その際に，SSI-CBT（WD）における私のやり方を参考にした。次の章では，クライエントの提示した問題を説明する中心的メカニズム（問題となる認知という形をとっている）をどのように扱うのかを考える。

# 25章

# セッション，
# 6：中心的メカニズムを扱う

　この章では，クライエントの提示した問題を説明し，問題となる認知という形をとっている中心的メカニズムをどう扱うのかを考える。ここでセラピストであるあなたは，自分の好きな CBT のアプローチを使いたいと思うだろう。もしあなたが，これらの問題となる認知を修正するのが最善だと考えるなら，限りある SSI-CBT の時間を意識しながら，あなたの好みの方略を使うことになる。そのような認知が，価値に基づく行動につながるようにマインドフルに受け入れる必要があると，あなたが考えるとする。その場合には，適切な比喩を用いたり，セッション内でこの方略の使い方を示したりするだろう。あるいはあなたが折衷的なアプローチをとるなら，いつ，問題となる認知を修正するようにクライエントを促すのか，そしていつ，これらの認知をマインドフルに受け入れるように促すのかを考えるだろう。こういったことについて，以下で私のやり方を概観して説明する。

## SSI-CBT (WD) における
## 中心的メカニズム (問題となる認知) への対応

　問題となる認知（ここでは，硬直した態度）という形をとる中心的

メカニズムと自分の問題とのつながり，そして健全な認知（ここでは，柔軟な態度）という形での新しい中心的メカニズムと自分の目標との関係をクライエントが理解したら，次の段階は，両方の認知を対にして，それらを検討するようにクライエントを手助けすることである。まず，なぜ本人の硬直した極端な態度が問題なのかをクライエントに理解してもらう必要がある。次に，代わりとなる柔軟で極端ではない態度がなぜ健全なのかを，クライエントが理解するように援助する必要がある。

1. まず，両方の態度を同時に扱い，それぞれについての経験的な側面，論理的な側面，実際的な側面をクライエントに尋ねる。私はまた，その答えの理由についても聞く。

> ウィンディ：まず，あなたにとってどちらがベストなのかを決めるための情報が得られるように，立ち戻って両方の態度を検討するお手伝いをさせてください。よろしいですか？
>
> ユージン：わかりました。
>
> ウィンディ：では，思い出してください。硬直した態度は，「緊張するという欠点はない方がいいし，他人に知られたくないので，両方とも起きてはいけないことだ」であり，柔軟な態度は「緊張するという欠点はない方がいいし，他人に知られたくないけれど，残念ながら，こういったことは起きてしまうものだ」でした。合っていますか？
>
> ユージン：その通りです。
>
> ウィンディ：さて，これらの態度のうち，現実に即しているのはどちらで，現実に即していないのはどちらですか？
>
> ユージン：硬直した態度は現実に即していませんが，柔軟な態

度の方は現実に即しています。

ウィンディ：なぜでしょうか？

ユージン：えーと，自分が緊張したくないし，他の人にこれを欠点だと思われたくないといっても，そういうことが起きないとは限りません。私がこれを求めないという態度をとる方が，より現実に即しています。

ウィンディ：どちらの態度が賢明で，どちらがそうではないのですか？

ユージン：私の硬直した態度は，魔法を信じるみたいでばかげています。私が望めば，私には欠点があると他の人が考えるのを止めさせられるように思っている，ということです。柔軟な態度の方は，魔法のようなものではないので，賢明だと思います。

ウィンディ：あなたにとって，どちらの態度がより良い結果をもたらし，どちらの態度がより悪い結果をもたらすでしょう？

ユージン：あなたのおかげでわかりましたが，硬直した態度は私を不安にさせますし，そのことでプレゼンもうまくいきません。けれども，柔軟な態度は，心配の方につながって，私のプレゼンのスキルを改善させます。

2. 次に，クライエントに，硬直した態度を弱めて，柔軟な態度を強めることについて，何か疑念や懸念，異議がないかを尋ねる。それから，クライエントの答えの中に誤解があればそれに対応する。

ウィンディ：硬直した態度を弱めて，柔軟な態度を強めること

について，何か疑念や懸念，異議はありますか？

ユージン：そうですね。そうすると，人前でプレゼンするとき
　に，緊張しているところを他の人に見られる可能性が高くな
　りそうです。

ウィンディ：そうすると，あなたに欠点があると思われるかも
　しれないですね。

ユージン：そうです。

ウィンディ：もしそう思われたなら，それはあなたにとってど
　ういう意味ですか？

ユージン：私が欠陥品だということです。

ウィンディ：人として？

ユージン：そうです。

ウィンディ：わかりました。戻って，このことを考えてみませ
　んか？

ユージン：わかりました。

ウィンディ：お子さんはいらっしゃいますか？

ユージン：いません。でもいつか1人か2人は，欲しいと思っ
　ています。

ウィンディ：では，もしお子さんたちが他人に緊張していると
　ころを見られて，他人がお子さんのことを欠点のある人間だ
　と思うとしたら，あなたはお子さんを座らせて，お前は欠陥
　品だと教えるのでしょうか？

ユージン：いいえ，もちろんそんなことはしません。

ウィンディ：なぜですか？

ユージン：愛しているからです。

ウィンディ：つまり，あなたは内心では欠陥品だと思いながら，
　愛しているから，そうではないと教えるということでしょう

か？

ユージン：いいえ，そうは言っていません。

ウィンディ：では，わかるように手伝っていただけますか？

ユージン：私が子どもに教えたいのは，もし自分が緊張しているところを他人に見られて，他人がそれを欠点だと考えても，欠陥品ではないということです。

ウィンディ：お子さんに対しては，そのような状況で，どういった態度をとることを勧めますか？

ユージン：つまり，人前で緊張するのは普通の人間だということです。

ウィンディ：そしてもし他の人が，お子さんのことを，「欠点」があるから欠陥人間だと考えたとしても，お子さんにその態度をとり続けるように励ましますか？

ユージン：はい，そうします。

ウィンディ：どうしてですか？

ユージン：なぜなら，それは本当のことだから……ああ，やっとわかりました……［笑］……賢明なことですし，子どもにとって役に立つからです。

ウィンディ：私がいま何を聞こうとしているかわかりますか？

ユージン：たとえ他人が，緊張することを欠点だと見なしても，もし私が自分の子どもに，自分を普通の人間だと見なすように教えるのなら，なぜ，その態度を自分自身に適用できないのでしょう？

ウィンディ：そうですね。なぜできないのでしょう？

ユージン：できます。そうしてみます。

3. 次のステップは，次回，困難な状況に出会ったら，問題のある

やり方で考え始めてしまうけれど，クライアントには，これに対応できることがわかっていると励ますことである。つまり，最初にどう反応するかは予想がつくが，この最初の反応にどう対応するかが重要なのだ（12章参照）。

ウィンディ：次回，人前でプレゼンテーションすることについて考えると，あなたは，以前と同じように硬直したやり方で考え始めてしまい，やはり不安になるかもしれない，とわかっておくのは大切です。そうなっても，失望しないことが大切です。これは習慣の働きで，習慣は変えられるのです。そこで，そうなったら，柔軟な態度を思い出してください。よろしいですか？
ユージン：はい，わかりました。

4. クライアントの硬直した極端な態度について，また，柔軟かつ極端ではない（あるいは，柔軟または極端ではない）態度を検討して，その一方で，クライアントの表現した何らかの疑念や懸念，異議に対応し，クライアントの最初の反応に続く対応の重要性を指摘した後で，私たちがこれまで行ってきたワークをまとめてもらうようクライアントに求める。私が何を教えたかよりも，クライアントが学んだことを持ち帰るという点を意識すると，私がまとめるよりも本人にこれを行ってもらう方がよい。

ウィンディ：では，あなたが不安の問題に対処するために，ここまでに学んだことをまとめてみませんか？
ユージン：ええ，人前でプレゼンするときに，欠点のあることや欠点を見せることについて，私がもっている硬直した態度

が，私の不安を説明するのだと，最初に教えてもらいました。そして私がそのことについて不安になるのではなく心配をしたいのなら，欠点のあることや欠点を見せることに関する柔軟な態度を発展させ，強める必要がある。また，他の人が私を欠陥品だと考えたとしても，私が普通の人間で欠陥品ではないとわかるように手助けしてくれました。これは，いままで考えたこともありませんでした。

ウィンディ：そして，困難な状況に対する最初の反応ということについてはどうですか？

ユージン：それは習慣の問題で，その反応が起きたときの対応が大切だということです。

5. 次に，異なる文脈でクライエントの問題を扱うときに，一方では硬直した極端な態度を，もう一方では柔軟な極端ではない態度を検討することで，同じように方略を使うことができると本人に提案する。このようにして学習の一般化が可能となる。

6. 私の次のステップは，もしクライエントの推論的「A」が歪んでいることが明らかならば，一歩引いて，これを調べるように勧める。これは通常，クライエントの推論的「A」が本当であると仮定して，上述のようにそれに対処するのを援助した後で行われる。しかし，時には，クライエントが困難な状況に建設的に対処するように手助けする，という私の方略にうまく反応しないことが起きる。その際，私は代わりに，その困難な状況を検討するようクライエントに手助けする。たとえば，ユージンとのワークで示したように，私はまず，緊張することは自分に欠点があり，その欠点が他の人に知られるかもしれないという，彼の推論的「A」に建設的に対処する手助けをした。それ

から，以下のようなことを行った。

ウィンディ：ここまでで私たちは，人前でプレゼンテーション
　　するときに緊張するのは，欠点がある証拠だと仮定してきま
　　したが，一歩引いて，それについて考えてみましょう。よろ
　　しいですか？

ユージン：わかりました。

ウィンディ：もし，とても仲の良い友達が，人前でプレゼンテー
　　ションするときに緊張してしまう，と言ったら，それは欠
　　点だと，あなたはその人に言いますか？

ユージン：いいえ。

ウィンディ：あなたは内心，その人に欠点があると思いながら
　　も，それを伝えないのでしょうか？

ユージン：いいえ，そんなことは思いません。

ウィンディ：では，その人が緊張していることが欠点だとは思
　　わないとしたら，それはどういう意味だと思いますか？

ユージン：不安の問題があるということです。

ウィンディ：欠点と不安の問題はどう違うのですか？

ユージン：不安の問題というのは悪口ではありませんが，欠点
　　は悪口です。

ウィンディ：では，あなたの親友が人前でのプレゼンテーショ
　　ンのときに緊張していたら，それは不安の問題であって，欠
　　点ではないのですね。一方で，同じ状況であなたが緊張して
　　いたら，欠点があるということですか？

ユージン：はい，おっしゃることがわかります。

ウィンディ：あなたには選択肢があります。つまり，自分の緊
　　張を不安の問題と見るか，欠点だと見るか。

ユージン：ええ，最初の直感だと，私は欠点だと思います……。

ウィンディ：では，一歩引いて，あなたのお友達について考えるとどうでしょう？

ユージン：そうですね。欠点ではなく，不安の問題だとわかります。

ウィンディ：そう思うと何が違いますか？

ユージン：緊張することを恥ずかしいと思わなくなりそうです。

ウィンディ：つまり，あなたは恥に対応するやり方を2つもっているのです。1つ目は，欠点だと思うけれど，それを見せることに対して柔軟な態度をとること，2つ目は，緊張するのは欠点ではないと理解することです。

ユージン：どのアプローチがよいのでしょう？

ウィンディ：私の提案としては，最初に，欠点に対する柔軟な態度を練習してから，それが欠点なのかどうか疑問をもつことです。

7. 最後に，私はある場合には，マインドフルネスに基づく技法を使うようクライエントに勧める。つまり，クライエントが問題となる認知（硬直した極端な態度，硬直した態度，極端な態度，歪んだ推論）の修正にある程度の時間をかけた場合，そのワークが終わった後でも本人の心の中に問題となる認知が残るかもしれない。この残っているものを，認知の修正を再度行うための手がかりとするように，クライエントに勧めるのではなく，その思考に関わったり取り除こうとしたりせず，それが心の中にあることを受け入れるように提案する。それから，もし心の中にその思考がないとしたら，自分がやっていそうなことを何でも試してみるように励ます。認知の修正とは，ジムで時間を使

うようなものだと私は考えている。ジムと同様，休憩時間は必須である。

　この章では，クライエントの問題を説明する中心的メカニズムを変えるという重要な問題を説明し，SSI-CBT の実践家としての私のワークを使って説明のポイントを示した。次の章では，あなたがクライエントと行うワークが本人にとって意味のあるものになるように，SSI-CBT において，インパクトを与えることの重要性について述べる。

# 26章

# セッション，7：インパクトを与える

　私は，SSI-CBT におけるクライエントとのワークを，味気ない知的なやり方で行うのは避けるべきだと考えている。そうではなくて，感情を伴う関わりが重要なのだ。しかし，クライエントが感情に圧倒されて，考えられなくなるのを防ぐこともまた大切である。クライエントにインパクトを与えるとは，クライエントがセラピストであるあなたと問題に取り組むときに，「頭」と「心」の両方を使うように手助けすることである。

　ここでは，SSI-CBT のプロセスを，クライエントにとってよりインパクトのあるものにするために役立つ方略のリストを示す。短時間にいくつかの技法を用いてセラピーのインパクトを高めようと頑張りすぎるよりも，きちんと選ばれた 1 つの方法を使う方が役に立つ可能性があると覚えておいてほしい。SSI-CBT では，ここでも他のところと同様，往々にして「少ない方が得るものが多い」のだ。

## 援助しながらクライエントの心に響くものを見つけてそれを使う

　クライエントの提示した問題に対処するのを手助けする際に，何がクライエントの心に響くのかを知ることは難しい。だが，ここにいくつかヒントがある。第 1 に，クライエントと接しているとき

に，その人の言葉に注意深く耳を傾ける必要がある。もし，特定の言葉やフレーズを頻繁に使うのなら，とくに，そこに感情を伴う場合，その言葉はその人にとって意味があるのかもしれない。クライエントが繰り返し述べる何かのイメージがある場合も同様だ。第2に，あなたがセッション中に使う言葉や概念に，クライエントが関心を示すかどうかを観察する。それは，感情や注意の高まり，前のめりの姿勢，あなたが使った言葉の反復によって示されるかもしれない。もちろん，この材料をどう使うかは，クライエントによって異なる。とはいえ，その一番よい使い方は認知に変化を促すようにすることであり，クライエントがこのプロセスに感情面で関わっているとこれが促進される。

## クライエントが過去に，どのように助けられてきたのか，またどのように自分自身を助けてきたのかを参考に介入を組み立てる

　クライエントが，本人の提示した問題に関連して，過去に助けられてきた，また，自分自身を助けてきた一般的な経験，そしてその経験をより具体的に知ることが大切である。すると，このような援助と自助の原則を，この問題に変化を促すために使うことができる。

　　ユージンは，脅威にさらされたときにその不快感に耐えることが，以前，人生において，問題の助けになったと述べた。そこで，私は何度か機会を利用して，この原則を使って成功したことを彼に思い出してもらい，彼の提示した問題に取り組む際に，この原則をどう使えばよいかを本人がわかるように手助けした。加えて，人前でプレゼンテーションを行う前に，柔軟で

自己受容的な態度をどうすれば練習できるのか，そしてプレゼンテーション中に，これらの態度をどうやって心の中に保ち続けるのかを伝えた。

## クライエントの強みを活かす

クライエントが自分にあると思っている強みを理解しておくと，SSI-CBT のプロセスにおける適切なタイミングでこれらの強みを参考にして，本人の変わろうとする努力をもっと意味のあるものにしたり，よりインパクトをもたせたりできる。

セッションの中で私たちが話し合ったアイデアのいくつかを活用するための自分の能力に，ユージンが疑念を呈したとき，達成できるはずだという意志の強さ（彼が述べた強み）を発揮して，自分自身でも驚くようなことができるかもしれない可能性を思い出してもらった。このような疑念に対して意志の強さを強調するこのやり方は，彼の心に響いたようだった。

## クライエントのロールモデルや
## 人生で助けになった人を参考にする

クライエントの選んだロールモデルや，助けになった人を参考にすることで，とくに，気力をなくしているようなときに，クライエントは元気づけられる。しかし，もっと大切なのは，クライエントがセッションで学んだことを実践した後で，その人を心に置いておくように手助けすることだ。

ユージンは，SSI-CBT のプロセスに影響を与えそうな人物として父方の祖父を選び，役に立つ祖父の言葉を思い出した。つまり，「いまがとても悪くても，朝になれば，それほど悪くはないと思えるだろう」である。この言葉は，最悪ではないと考える態度（non-awfulising attitude）として知られる極端ではない態度をうまく表している。彼の緊張を欠点だと見なす人がいたら，この言葉をアレンジしたものを使うようユージンに勧めた。つまり，「もし私の緊張を人が欠点だと考えるなら，そのときは最悪だと思うかもしれないが，次の日にはそこまで悪いとは思わないだろう」である。ユージンは，祖父が彼の肩に腕をまわしてそう言ってくれるのを想像すると，とくにインパクトがあると話したので，私はそうすることを勧めた。

## クライエントの学習スタイルを活用する

　進展するようにクライエントを手助けしてきたアイデアと関連づけて，セラピストであるあなたが本人の学んだことを活用できるなら，それだけ SSI-CBT から成果を得る可能性が高まる。

　ユージンは，じっくりと物事を考える時間があれば一番学びやすいが，急がされるのはとくに嫌だと話した。SSI-CBT では時間が限られているので，このことがとくに問題になるように思える。そこで私はユージンに，プロセスのさまざまなタイミングで時間をかけるように勧めた。各段階の最後の振り返りのところで，彼がより熱心に取り組んでいるように見えたので，十分時間をかけてもらえたのではないかと私は考えている。しかしその一方で，彼が柔軟な態度の有用性について少し懸念を

示したことから，この概念をいくらか誤解していることがわかり，私はそれに対処できた。そのようなことはあったが，ユージンは，私の指摘をじっくり受け止めて，柔軟性のある建設的な態度に取り組んでいった。

## 言語だけでなく視覚刺激も活用する

CBT は正確には，トークセラピー（talking therapy）に分類されるが，それはクライエントとセラピストとの間で，多くの言語的コミュニケーションが交わされるからである。しかし，SSI-CBT のインパクトを高めるために，時には言語的概念を視覚的に説明することが，とくに視覚刺激によって学習効果が高まるクライエントには有効である。図 26.1 と図 26.2 は，私が SSI-CBT（WD）で用いている視覚的な説明の例である。

図 26.1 では，柔軟な態度と硬直した態度の区別を，どう視覚的に教えるかを示している。このように両方とも，その人が重要だと考えるものに基づいている。硬直した態度では，人は自分が重要だ

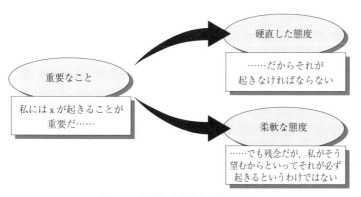

**図 26.1　硬直した態度と柔軟な態度**

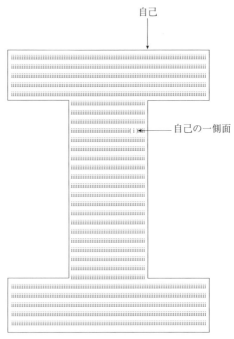

図 26.2 「大きな私 – 小さな私」の技法

と思うものが存在しなければならないと考え，柔軟な態度では，人は自分が重要だと考えるものが存在しないことがあると認める。

　図 26.2 では，「大きな私 – 小さな私」という技法を示すが，「大きな私 (I)」は人を表していて，それが，小さな「私 (i)」で表される無数の側面で構成されることを示している。この技法は，人というのは，その人のどの側面によっても定義されないことを示すものである。

# 変化を促すためにクライエントの
# 中心的な価値を参考にする

　クライエントの中心的な価値を見つけ出すことは，本人の目標や
目標のための活動をその人の価値に結びつけるうえで役に立つ。中
心的な価値が目標を支えるなら，それがないときよりも，クライエ
ントはおそらく，目標に向かってより粘り強く努力するだろう。

　　私には，ユージンの中心的な価値が誠実さだとわかった。ユー
　ジンの心に響く状態を生み出すために，私は最初にこの価値
　に触れた。彼は自分の「欠点」を隠すことで，自分が人前でプ
　レゼンテーションを行うと緊張する人間だということを示すと
　いう意味で，他の人に対して正直になる機会を逃していたの
　だ。自分でつくり上げた柔軟で自己受容的な態度を練習する際
　に，自分の「欠点」を正直に示すと決めること，あるいは，そ
　うしないと決めて自分の中心的な価値が本物ではないと気づく
　ことのどちらかによって，この不一致を解消できるかもしれな
　い。彼は，前者のやり方を選んだ。

## ユーモアを賢く利用する

　セラピーにおけるユーモアの使用については，実践家の間でさま
ざまな見解がある（たとえば Lemma, 2000）。私の考えでは，ユーモア
は SSI-CBT のインパクトを高めるために役立つ可能性がある。これ
はとくに次のような場合である。

・クライエントがユーモアのセンスを示している。
・ユーモアは，親しみを込めてクライエントのある側面に向けられるものだが，クライエント自身に向けられるものではない
・クライエントは距離を置いて自分を見ることができる
・そのユーモアは，クライエントとセラピストの両方が理想とする治療的なメッセージを正確に表すことができるものである
・クライエントはそのメッセージを自分の目標に役立てることができる

　しかし，ユーモアは害になることもあるので，ユーモアを使う場合には，クライエントの反応に注意を払い，フィードバックを求めることが大切だ。また，セラピストがユーモアを使うことを歓迎するのかどうか，最初にクライエントに尋ねてみるのもよいだろう。

## 自己開示の使用を検討する

　ユーモアと同様に，クライエントによっては SSI-CBT のインパクトを高めるために，セラピストの自己開示も非常に有効だが，クライエントが全員，それを歓迎するわけではない。そこで，もしあなたが治療的メッセージを伴う個人的経験をクライエントと共有しようとするのなら，そうする前に，おそらくクライエントにあなたの意図を伝え，許可を得ることが賢明だろう。
　そこで，セラピストの自己開示は，次のような場合に治療的だと考えられる。

・そうすることが望まれている
・セラピストも同じような問題を抱えているが，自分や他人に対

して，それを認めるのを恥ずかしいと思っていないことを示す

・セラピストがクライエントと同じ人間であると示す

・セラピストが自分の問題に建設的に対処するために何を行った
　かを示すことが，クライエントの参考になるかもしれない。つ
　まりここには，クライエントの提示した問題に対処して，目標
　に向かってワークを行ううえで，その人が利用できる可能性の
　ある治療上のポイントが含まれている。

クライエントがセラピストに自分の経験を話すことを許した場合
でも，そのやり方と，クライエントがその自己開示から何を得たの
かについてフィードバックをもらうことは有益である。

人前でプレゼンテーションをするユージンの不安と，吃音に
よって人前で話すことが不安な私の場合が似ていたので，彼の
許可を得て，私が不安にどう対処したかを話した。自分が弱み
だと思うところをさらけ出し，失敗もする人間として自分を受
け入れ，そうすることでこの問題に対処できるようになったと
いう話が，とくに参考になると彼は思った。さらに，私たちの
話し合っていることが妥当で，自分に関係することだとより思
うようになったとも話した。

## インパクトを高めるためにさまざまなテクニックを使いつつ自分なりの工夫も行う

SSI-CBT でインパクトを高めるために使えるテクニックがいくつ
かある。それらを使用する際にインパクトを高めるには，他人の創
造性ではなく，自分の創造性を使うことをお勧めする。たとえば，

クライエントと一緒にワークを行っているときに，これまで，けっして起きたことがなくて，今後も起きない，素晴らしい何かが起きるかもしれない。その特別な介入が生じる具体的な文脈を考慮に入れるなら，他の人が特定のクライエントに合わせて用いた「出来合い」の技法を使うよりも，インパクトを与える可能性が高い。この点については，イメージや比喩，物語を「出来合い」で使うのではなく，その人のために特別にあつらえて使うことがとくに重要だ。

## 簡潔で記憶に残りインパクトのある健全な思考を クライエントが発展させるように手助けする

SSI-CBT（WD）で，私が取り組まなければいけなかった問題の1つは，柔軟で極端ではない態度（あるいは，柔軟な態度や極端ではない態度）を使う必要のある状況，つまりクライエントが困難な状況に直面したときに，そのような態度をとれるように，どう手助けするのかということだ。4章で，柔軟な態度と極端ではない態度について説明したのを覚えているだろう。そこを見直してもらうと，柔軟な態度も極端ではない態度も，冗長になりがちだということがわかる。これらの態度のインパクトを強め，困難な状況に面したときに，クライエントがこれらの態度を使えるようにするため，私の実践では，その意味を反映する健全な態度について，簡潔で覚えやすく意味のあるバージョンを開発するようにクライエントを手助けしている。私はクライエントに，この言葉をメモするように勧め，必要があればすぐ参照できるように，スマートフォンのスクリーンセーバーとして使うことも勧めている。

　　私は，次のような簡潔で記憶に残りやすくインパクトのある，

健全な態度のバージョンをつくり上げるようにユージンを手
伝った。つまり，「欠点は，私が人間であることの証明であり，
私が欠陥品だということではない。それを隠す必要はない。」。

　この章では，セッションの中でクライエントにインパクトを与え
る重要性を説明し，その方法のいくつかについて概説した。次の章
では，クライエントが，SSI-CBT で学んだことをセッション内とセ
ッション外の両方で，実行するのを援助する方法について述べる。

# 27章

# セッション，8：学んだことをセッション内とセッション外で用いるようにクライエントを励ます

CBT に基づく他のセラピーのやり方と同じように，セラピストであるあなたは，クライエントが SSI-CBT で学んだことを用いるように援助することが重要だが，その機会は 2 回に限られる。最初は，セッション内で課題に取り組んでもらうときであり，次は，この学びを日常でどう活かせるのかを考えるように，クライエントに促すときである。

## クライエントがセッションで学んだことを用いるように援助する

あなたが，認知の修正を特徴とする CBT を実践していて，SSI-CBT のプロセスからここまでに学んだことを，セッション内で用いるように援助すると仮定しよう。その場合あなたは，クライエントに役立つ新しい認知を実践する機会を探して，それを発展させるように働きかける。私の考えでは，これには 3 つのやり方がある。つまり，（1）ロールプレイ，（2）2 つの椅子による対話，（3）イメージである。これらの方法は，新しい考え方や行動の仕方を実践する機会を提供するだけでなく，SSI-CBT のクライエントへのインパ

クトを強めるうえでも役立つ（26 章参照）。

## ロールプレイ

クライエントの学習を促すために，SSI-CBT で行うロールプレイ
にはいくつかの方法がある。最も一般的なものを，次にいくつか紹
介する。

1. クライエントの進歩をここまで援助してきて，まずクライエン
   トが健全な心構えを手に入れたら，あなたがクライエントの生
   活に登場する人物（たとえば上司）を演じて，クライエントは
   自分自身の役でその相手とコミュニケーションをとる。
2. あなたがクライエント役で，クライエントが上述の筋書きにお
   ける相手役である。これは，クライエントがロールプレイで自
   分自身を演じることが難しいと思う場合に行うとよい。次に，
   健全なコミュニケーションと，可能であれば，そのような行動
   を支える健全な思考を具体化してから役割を交代して，クライ
   エントは再び自分自身の役を演じる。
3. あなたがクライエントの不健全な思考を演じ，クライエントは
   健全な思考の立場で話をする。この対話の目的は，クライエン
   トが自分の健全な考え方を強く信じるようになることである。
4. あなたがクライエントの健全な思考を演じ，クライエントが不
   健全な思考の立場で話をする。この対話の目的は，クライエン
   トが健全な思考の立場で話したときに，対応に困っていた不健
   全な思考への対応をあなたが示すことである。その後で，役割
   を逆転させ，クライエントが，不健全な思考に効果的に対応す
   るという経験ができる。

## 2 つの椅子による対話

　2 つの椅子による対話（two-chair dialogue）では，クライエントは椅子を移動して，別の人物（クライエントは両方の役）を演じ，また別のときには，自分自身との対話を行う。ここでも，この対話の最終的な目的は，クライエントが健全な思考のリハーサルをしながら，建設的に行動する経験を積むことである。これについては，変形的な椅子のワーク（transformational chairwork）に関するケロッグ（Kellogg, 2015）の革新的な著作を推奨する。

## イメージ

　イメージの使用では，クライエントに，自分の提示した問題に特有の困難な状況に直面することをイメージするように促す。その中で，クライエントは，健全に考えて建設的に行動する自分をイメージする。ほとんどの場合，クライエントは困難な状況に直面すると，まず不健全に考えてから，その不健全な考えに対して健全な考えで対応するので，私は，このプロセスをセッション内でのイメージに組み込むように提案することをお勧めする。そうしないと，日常生活における困難な状況への最初の思考反応が不健全なものだと気づいたときに，クライエントは失望してしまうかもしれない。

　あなたが，認知を修正するのではなく，認知のマインドフルな受け入れを重視する CBT を実践していると仮定しよう。その場合，このアプローチのスキルを育むようにクライエントを手助けするため，あなたはさまざまな方法を用いる（Harris, 2019 参照）。

　私はユージンに，セッションの終盤でイメージを使うように促した。つまり，「目を閉じて，人前でプレゼンテーションするところをイメージしてください。あなたは，自分が緊張する

かもしれないし，緊張しているところを人に見られるかもしれない，そしてこれは自分に欠点があり，欠点があると思われるということだと考えて，不安を感じ始めています。ここで次のことを思い出してください。『欠点は，私が人間だという証明であり，欠陥品だということではない。隠す必要はないのだ』。この態度を心に留めて，不安ではなく心配しながら，発表している自分自身を見ます。」

## クライエントが学んだことを
## セッション外で活かすようにする

　ある意味，SSI-CBT のプロセスで最も重要な部分は，セラピストであるあなたがコントロールできないところにある。つまり，プロセスの主要な部分が終了してから，学んだことを生活において実行するかどうかを，クライエントが選択するということである[注1]。もし，クライエントが実行すると選択した場合，クライエントの決めたときに実施されるフォローアップ・セッションまで，クライエントが行ったことを振り返る機会はない。これが，SSI-CBT と継続的な CBT の違いである。継続的な CBT では，クライエントは，取り決めた「宿題」を定期的に行うことを期待される。あなたは毎週，クライエントの行ったことを振り返り，そのような継続した課題への取り組みが，継続的な CBT の成果に大きく影響する。SSI-CBTでは，まずクライエントが，自分の学んだことを実行すると決めることが重要だが，おそらくもっと大切なのは，クライエント自身が実行の継続に責任をもつ必要があると理解することだ。

　認知を修正するという観点からは，これを実行するうえで，以下を反映するのが理想的である（クライエントに伝える形で表現してい

る）。

- 健全な思考の簡潔で記憶に残るバージョンを使います
- あなたの行動は，あなたがつくり上げたい健全な思考と一致する必要があります
- 行動する前に，自分の健全な思考を心に留めておく必要があります
- あなたの提示した問題に関連する，リストアップした困難な状況に直面したときに，健全な思考と建設的な行動を実践してみます
- 困難な状況に直面したときに，あなたは以前の不健全な思考パターンに戻ってしまうことに気づくかもしれません。これは普通のことなので，このような場合は，健全な思考で対応します
- あなたは，この変化の過程で不快感を経験するでしょう。それを予想しておいて，それに耐えます。そうすることが長期的にはあなたの利益になると思い出してください
- 必要であれば，現実生活の中でそれを行う前に，考えている計画をリハーサルしたり，頭の中で予行演習したりしておきます
- 困難な状況に直面している間，自分の安全を確保したくなるかもしれないとわかっておいてください。その衝動に基づいて行動しないようにするのが一番です。もしそうしてしまうと，長期的には自分のためになりません
- 健全な思考とそれを支える行動を変わらず実践し続けることに責任をもちます
- 実践を続けると，しだいにあなたの感じ方は変わっていきます
- あなたが提示した問題における困難な状況から学んだことを，他の関連する困難な状況に一般化する方法を探します

これら原則のいくつについて，クライエントと話し合うのかは，クライエントが何を達成したいのか，役立てられるように何を消化できるのかによる。あなたは，クライエントに，上記のリストを資料として渡し，一度につき1つの原則に焦点を当てるように指示してもよい。

　マインドフルネスとアクセプタンスの原則に基づくCBTの観点からすると，問題があると認められている認知や感情に巻き込まれず，また排除しようとせずに，クライエントが価値に基づいたやり方で行動するのを援助することが重視される。

　ユージンは，前の章で説明した柔軟で自己受容的な態度を短くまとめた次のもの，つまり，「欠点は，私が人間だという証明であり，欠陥品だということではない。隠す必要はないのだ」を練習しつつ，毎週，人前でプレゼンテーションを行うことを決めた。彼はまた，本章で説明したイメージを用いた予行演習にも同意した。いわゆる欠点をもっていること，そして，欠点があると思われることについて健全に考える練習をした後で，最終的に彼は，緊張するのは問題だが，欠点ではないと思い出すことも役に立つだろうと考えた（25章参照）。

　この章では，クライエントがセッション内とセッション外の両方で，学んだことを用いる重要性について述べた。次の章では，セッションをうまく終わらせることの大切さを考える。

### 注釈

1　もちろん，まだフォローアップ・セッションはあるが，それについては30

章で述べる。

# 28章

# セッション，9：上手に終わる

クライエントがSSI-CBTのプロセスで学んだことを，どのように日常の関連する状況に用いるのかという重要な問題について話し合ったら，セッションは終わりに近づいている。クライエントに希望の感覚と士気の回復とを感じて帰ってもらえるように，上手に終わらせることが大切だ。

クライエントが満足して帰れるように，次の3つの主要な課題を行う必要がある。つまり，ワークを要約してもらうこと，セッションから入手する有益な情報を明確にすること，そして，やり残したことを片づけることである。

## クライエントにセッションを要約してもらい
## 持ち帰るものを提供する

セラピストであるあなたがセッションを要約することもたしかに可能だが，クライエントが要約を行うことでプロセスへの理解を促して，SSI-CBTから何を持ち帰れるのかという重要な情報を得られる。クライエントが要約を行ったら，含まれていない点，含むことが大切だとあなたが思う点を伝えてもよい。以下は，ユージンが行ったプロセスの要約である。

私があなたのところに来たのは，人前でのプレゼンテーションで私が緊張するのは，私には欠点があり，それを人に見せることになると思っていたからです。あなたはこのことに対する私の硬直した態度が問題だと教えてくれて，それから，欠点は私が人間であるということで，欠陥品という意味ではないからそれを隠す必要はない，という考えを育てる手助けをしてくれました。だから，人前でプレゼンするときにこのように考えると，問題解決に役立つだろうと思います。

　**（自分に欠点があり，それを知られることについて，どのような健全な負の感情を感じるのかと尋ねられて，ユージンは心配するだろうと答えた。また，彼が自分の目標を達成するために使える資源を尋ねられたとき，ユージンは「忍耐力〔perseverance〕」と「自分をさらけ出すこと」を挙げたが，それらは彼がはじめに言ったこと〔つまり「意志の強さ〔determination〕」と「誠実さ」〕と同義だと私は考えた。）**

## 未解決の問題に対応する

　私の意見では，クライエントは，このプロセスが完了したという感覚をもってセッションを終える必要がある。そこで，次のように尋ねて，終わる直前に課題を持ち出す機会を提供することは役に立つ。つまり，「この問題について今回取り上げなかったことで，私に知っておいてほしいことは何かありますか？　何かお聞きになりたいことはありますか？」と尋ねる。ここで私がとくに気に入っているのは，次のような質問だ。「家に帰ってから，聞いておけばよかった，伝えておけばよかったと思うことがあるとしたら，それは何でしょうか？」。クライエントの懸念に対処する際，それらに対

応して，クライエントがあなたの対応に満足しているかどうかを確認することは大切だ。このように尋ねて，クライエントと話し合ってきた問題に焦点を当て続ける。そうでないと，クライエントは別の課題を持ち出したくなるかもしれない。

## 将来に向けて

　クライエントが希望をもって，学んだことを実行に移す決意をして終えるのが大切なので，この時点でプロセスを終えることについて，クライエントにどう感じているかを尋ねることは重要だ。それは，ユージン（以下を参照）の場合のように，終わっていない課題を持ち出す別の機会を提供する。もし，クライエントが楽観的な反応を示したら，それを強化することが大切である。しかし，あなたはまた，プロセスから得た学びを実行に移すときに，本人がもっている可能性のある疑念や懸念に対応することができる。これらに関して，私はユージンとのセッションを次のように締めくくった。

　ウィンディ：最後になりますが，ここで学んだことを人前でのプレゼンテーションで，実践することについてどう思っていますか？

　ユージン：えーと。基本的には，希望をもっています。

　ウィンディ：ためらいもあるように聞こえますが？

　ユージン：どのくらい練習を続ければ効果が出るのか，よくわからないのです。

　ウィンディ：ええ，あなたの気になることはわかりますし，決まったスケジュールがあればと思います。けれども，私がお伝えしたいのは，定期的に練習すればするほど，練習の成果

がより早く出るということです。そうするとある日，人前で
の発表で正当な心配はあるけれど，もう不安はないと気づく
でしょう。どう思いますか？

ユージン：ええ，もちろん，スケジュールが決まっていればと
思いますが，あなたのおっしゃることは理屈に合っています。

ウィンディ：いいですね。他に何か疑問はありますか？

ユージン：いいえ，これからが楽しみです。

ウィンディ：それはよかった。あなたの決意があれば，きっと
望みが叶うはずです。では，3カ月後のフォローアップの日
程を決めましょう。

ユージン：わかりました。

## さらなる支援にアクセスする

1章で，私はシングル・セッション・セラピーを次のように定義
した。つまり，「セラピストとクライエントは意識的に努力を行い，
セッションで得たものをクライエントが持ち帰れるようにセラピス
トは手助けする。また，必要があればクライエントはその後も支援
を利用できる。」そこであなたは，クライエントがさらに支援を必
要とするのかどうかを，セッションの最後にはっきりさせるように
手助けする。ここでも何通りかの可能性がある。

1. クライエントは，これ以上の支援は必要ないと言っている。し
たがって，あなたはフォローアップの段階に進むことができる。

2. クライエントは，これ以上の支援が必要かどうかわからないと
言っている。この場合，あなたはクライエントに，ここを離れ
てから学んだことを振り返り，消化して実践し，時間が経って

から判断するように勧めることができる。このプロセスは，フォローアップをいつ行うかを決めるための指針になる。

3. クライエントがさらに支援を必要としている場合，どのような支援が必要なのかを相談する。たとえば，あなたやあなたが働いている機関が必要なサービスを提供しているなら，その人は，別のシングル・セッションや複数回のセッション，継続的な支援や専門家の紹介を求めるかもしれない。

　この章では，セッションをうまく終わらせることの重要性について述べた。30 章でフォローアップを説明する前に，SSI-CBT（WD）の特徴的なトピックについて話そうと思う。ここには，私がセッションを録音して逐語記録を作成し，クライエントがこれらの情報源を希望すれば，それを送付することを含んでいる。

# 29章

## セッション終了後
### 振り返り，録音と逐語記録

　わかっていただいたように，セッション内でやらなくてはいけないことが多い。通常は，50分の時間内に終わらせられるが，もし，時間をオーバーしてもそれはそれで問題ない。だが一方，現代の生活では，クライエントがあなたのオフィスを出ると，注意を引くさまざまなものであふれかえっている。本人が部屋を出てすぐに携帯電話やタブレットの電源を入れる場合はとくにそうだ。そこで，クライエントが何を学び，学んだことをどう実現するのかということについて，本人があなたとのセッションを振り返るための時間をつくることはとくに大切だと，私は考えている。

　そのため，私はクライエントに，忙しい世界に急いで戻らずに，何を学びその学んだことをどのように実行していくのかについてセッションを振り返り，自分のために30分ほど時間を使うように勧めている。ある人は文章で，またある人は考えることで振り返りたいと思うかもしれない。私のSSI-CBT（WD）のクライエントの1人は，振り返るときに絵を描くと話していた。どのように振り返るかよりも，振り返りを行うことの方が重要である。

# SSI-CBT (WD) における録音と逐語記録
## ——振り返りの補助手段

　SSI-CBT に対する私のアプローチ（本書で私が SSI-CBT〔WD〕と呼んでいるもの）の特徴の1つは，クライエントの許可を得て，セッションをデジタルで録音して，セッションが終わりしだい，それをクライエントに送付することである。それから，そのセッションを専門の業者で文字に起こしてもらって受け取り，クライエントにその逐語記録を送る。録音の送付は，シングル・セッション・セラピーの料金の一部だが，逐語記録は，専門の業者への支払いが必要なため，別途費用がかかる。

　これらの資料は，セッション後のクライエントの振り返りのプロセスを助け，クライエントに学んだことを思い出させる。この資料によってクライエントは，セッションを受けたときよりも，振り返りにおいて，プロセスの重要な側面に焦点を当てることが可能な場合がある。どちらの資料にも，クライエントが自分でつくった要約が正確に述べられている。さらに，クライエントの中には，フォローアップの際，とくに逐語記録のおかげで要約を言葉通りに書き写して持ち歩き，後で見直すことができたと話す人がいた。

　人間の記憶の不確かさを考えると，録音と逐語記録は両方とも，セッションで扱ったことを正確に思い出させる点で貴重である。クライエントによって，これらの記録の価値は異なる。その人の学習スタイルにより，両方を重視する人もいれば，どちらか片方を重視する人もいる。書き言葉が好きなクライエントは逐語記録を重視するし，聞くことで学習が促される人は，MP 3 プレーヤーやスマートフォン，タブレット端末で録音を聞く。自分の声を聞くのが苦手

なクライエントは，間違いなく逐語記録の方を好む。このような理由から，私は，録音と逐語記録の両方を入手する機会を提供している。クライエントがセッションの録音を望まない場合もあり，私はこの希望を尊重している。

　これはプロセスの一部ではないのだが，クライエントが，録音や逐語に記録されたセッションのある側面についてコメントを希望する場合がある。必要があれば私は，受け取ったことを伝えて返答するが，継続的な対話は行わない。必要があるならこのことについて説明し，フォローアップ・セッション（セッション後に行う必要がある）で話すのを楽しみにしていると伝える。これについては，次の最後の章で説明する。

# 30章

# フォローアップと評価

　フォローアップ・セッションは，SSI-CBT のプロセスの最終段階である。私は通常，セッション後，クライエントが選んだ日時にこのセッションを予定するが，あなたの勤務先にこれに関する規定があるなら，それに従うことになる。

## フォローアップ
### ──賛成か反対か，あるいは，クライエントの選択

　シングル・セッション・セラピーのコミュニティでは，フォローアップ・セッションを行うことに全員が賛成しているわけではない。この点を踏まえてまず，フォローアップに関する賛否両論を紹介し，クライエントに選んでもらうという第 3 の選択肢を示すが，私はこれを支持している。

### フォローアップに対する賛成意見

　まず，フォローアップ・セッションを行うことに賛成する論拠を示す。

1. フォローアップでは，クライエントがセッションからフォローアップまでの間に行ったことについて，セラピストに報告する

機会をクライエントに提供する。このような報告を期待されると，クライエントは目標達成のために必要な作業を行う可能性がより高くなるという意見もある。

2. フィードバック・セッションの予定があるとわかっていることは，クライエントにセラピストであるあなたとのつながりやケアの感覚を提供する。

3. フォローアップ・セッションは，必要ならば支援をさらに求める（追加の）機会をクライエントに提供する。

4. フォローアップによって，あなたやあなたが勤めているサービスは，効果（つまり，クライエントがどうなったのか）を評価できる。その場合，効果をどう測るのか，また選択肢があるならば，どのような形式で行うのかを考える必要がある。

あなたが財政支援に頼るサービスに携わっていると仮定しよう。効果に関するデータを集めることが新規事業に組み込まれている場合にのみ，その事業に資金が提供されることが増えてきているので，この点が，評価についてのあなた見解に影響するかもしれない。加えて，新しい事業が立ち上げられると，SSI-CBT がその治療場面で有効だと示された場合にのみ，継続的な資金援助が受けられる。

5. フォローアップは，サービスを評価するデータ（クライエントが提供された支援について考えたこと）を提供し，このようなデータは提供するサービスの改善に役立つ。

## フォローアップに対する反対意見

ここでは，フォローアップを行うことへの反対意見を紹介する。

1. シングル・セッション・セラピーというのは，単回のセッションのことである。フォローアップ・セッションを行うなら，シングル・セッション・セラピーではない。何よりも，ウォークイン・サービスで提供されるサービスに，フォローアップは含まれないと言われている。
2. 前述のように，フォローアップは，クライエントの心の中に，セラピストとの継続的なつながりを生み出す。これは肯定的な特徴というよりもむしろ，「これだ」（'this is it'）というシングル・セッションのインパクトを弱めることになる。
3. セラピストであるあなたと接触する，フォローアップという機会がなければ，すべてをコントロールするのはクライエントである。まるで，安全ネットなしで空中ブランコに乗るブランコ乗りのように，すべてを自分でコントロールすることになる。

### クライエントの選択

　3つ目の方法は，フォローアップを行うかどうかの選択をクライエントに任せることだ。私がこの方法を支持する理由は，シングル・セッションを特徴づける「クライエントが決める」という原則に合っているからである。とはいえ，もしあなたがフォローアップを義務づけている職場に勤めている場合には，クライエントに選択してもらうことはできないだろう。

## 正式のフォローアップと略式の様子うかがい

　SSI-CBT のアプローチにフォローアップを取り入れることを決めたら，正式なフォローアップを行うのか，略式に様子を聞くのかを決める必要がある。正式なフォローアップには，効果とサービスに

関する詳細かつ正確な評価を伴う。これについては，セッションの終了時に合意して，日程をスケジュール帳に記入しておく必要がある。略式の様子うかがい（check-in）とは，クライエントの進捗について，よりおおまかで全般的な最新情報を得ることだ。

# SSI-CBT (WD) におけるフォローアップ

フォローアップに対する私のアプローチの概要を説明する[注1]。セッションの最後に，電話または Zoom によるフォローアップの予約を決めるが，それは 20 分程度のものである。私のやり方では，セッション後のクライエントが指定した日にフォローアップ・セッションを予定する。私は，クライエントの生活上の変化が安定すると思われる時期に，フォローアップの予約を入れるように勧める。邪魔が入らずに話ができて，通話にだけ注意を向けられることが大切だとクライエントに強調する。

表 30.1 に，私が作成したフォローアップのための電話セッションのプロトコルを示す。

**表 30.1　電話またはオンラインによるフォローアップの評価プロトコル**

1. クライエントにいま話す時間（つまり約 20 分間）があるかどうかを確認する。クライエントは，個人的なことを自由に話せる，秘密の保たれた状況にいるのか？

2. クライエントに，問題や課題，障害，不満について最初に書いたものを読んでもらう。次のように尋ねる。「そのことを思い出しますか」「それで間違いないですか」。

3. その課題について，いまどのような状態かを5件法で評価してください。
    (1)   (2)   (3)   (4)   (5)
   かなり悪化した   ほぼ同じ   かなり改善した

4. そのような変化（良くても悪くても）を可能にしたのは何だと思いますか？
もし，同じ状態なら，「なぜ同じままなのでしょうか？」

5. まわりの人から，あなたが変わったと言われたのなら，どのように変わったと思われていますか？

6. 特定の問題［内容を述べる］のほかに，（良くても悪くても）変化したことがありますか？　もしあるのなら，それは何ですか？

7. では，あなたが受けたセラピーについて少しお尋ねします。そのセッションについて思い出すことは何ですか？

8. とくに役に立ったことや役に立たなかったことは何ですか？

9. セッションの録音や逐語記録を利用できましたか？　もしそうなら，どう利用しましたか？

10. あなたが受けたセラピーにどの程度満足しているか，5件法で教えてください。
    (1)   (2)   (3)   (4)   (5)
   非常に不満   中程度に満足   非常に満足

11. シングル・セッション・セラピーで十分だと思いましたか？　もし，そうでない場合，セラピーを再開したいと思いますか？　セラピストを変えたいと思いますか？

12. あなたが受けたサービスに関して，何か改善すべき点があるなら，それは何ですか？

13. その他，とくにお尋ねしていないことで，何か知りたいことはありますか？

時間をとって参加してくれたことをクライエントに感謝する。追加のサービスが必要な場合は，あらためて連絡をもらえるように伝える。

# ユージンのフォローアップ

　表 30.2 に，ユージンとの電話によるフォローアップ・セッションの記録を示す。

### 表 30.2　ユージンとの電話によるフォローアップ

1. クライエントにいま話す時間（つまり約 20 分間）があるかどうかを確認する。クライエントは，個人的なことを自由に話せる，秘密の保たれた状況にいるのか？
　　ユージンには話す時間があり，彼が自由に話せることを確認した。
2. クライエントに，問題や課題，障害，不満について最初に書いたものを読んでもらう。次のように尋ねる。「そのことを思い出しますか」「それで間違いないですか」。
　　人前でのプレゼンテーションへの不安に対する援助を求めて訪れたことを，ユージンと振り返った。
3. その課題について，いまどのような状態かを 5 件法で評価してください。

　　　　　　(1)　　　　　(2)　　　　　(3)　　　　　(4)　　　　　(5)
　　　かなり悪化した　　　　　　ほぼ同じ　　　　　　かなり改善した
　　ユージンは（5）を選んだ。

4. そのような変化（良くても悪くても）を可能にしたのは何だと思いますか？
　もし，同じ状態なら，「なぜ同じままなのでしょうか？」
　　　ユージンは，SSI-CBT のプロセスで学んだことを実践することができ，
　　　人前でのプレゼンテーションを避けることなく，毎週，行っていたと話
　　　した。

5. まわりの人から，あなたが変わったと言われたのなら，どのように変わった
　と思われていますか？
　　　ユージンは同僚から，以前よりもずっとリラックスして働いているよう
　　　に見えると言われ，プレゼンテーションは前より親しみやすくてユーモ
　　　アがあると評価されたと述べた。

6. 特定の問題［内容を述べる］のほかに，（良くても悪くても）変化したこと
　がありますか？　もしあるのなら，それは何ですか？
　　　ユージンは，以前よりも職場でリラックスできるようになり，友人と過
　　　ごす時間が増えたと話した。これは，人前でのプレゼンテーションへの
　　　不安に効果的に対処できたおかげだと考えている。

7. では，あなたが受けたセラピーについて少しお尋ねします。そのセッション
　について思い出すことは何ですか？
　　　ユージンは，録音と逐語記録，とくに後者を十分に活用して，かなり多
　　　くのことを思い出した。自分の健全な態度について，短く覚えやすいバ
　　　ージョンをつくり出したことを一番よく覚えているとのことだった。

8. とくに役に立ったことや役に立たなかったことは何ですか？
　　　ユージンの最も役に立ったのは，人前でプレゼンテーションを行う前に，
　　　短くて覚えやすい健全な態度を使ったことだと話した。一番役に立たな
　　　かったのは，約束したフォローアップの前に，私と連絡がとれないこと
　　　だった。ユージンは，自分の成功を私と分かち合いたいのに，そうでき
　　　ないのだと感じたと話した。

9. セッションの録音や逐語記録を利用できましたか？　もしそうなら，どう利
　用しましたか？
　　　ユージンは，セッションの記録と逐語記録の両方，とくに逐語記録をよ
　　　く利用したと話した。セッションの中でとくに役に立つと思う部分に印
　　　をつけて，必要だと思ったときにいつでも参照した。彼は，進歩するに
　　　つれて，録音と逐語記録を両方ともあまり使わなくなったと話した。

10. あなたが受けたセラピーにどの程度満足しているか，5件法で教えてください。

(1)　　　　(2)　　　　(3)　　　　(4)　　　　(5)

非常に不満　　　　　中程度に満足　　　　　非常に満足

ユージンは (5) を選んだ。

11. シングル・セッション・セラピーで十分だと思いましたか？　もし，そうでない場合，セラピーを再開したいと思いますか？　セラピストを変えたいと思いますか？

ユージンは，SSI-CBT で十分だったと述べた。

12. あなたが受けたサービスに関して，何か改善すべき点があるなら，それは何ですか？

とくになし。

13. その他，とくにお尋ねしていないことで，何か知りたいことはありますか？

ユージンは，これが国民保健サービス（National Health Service〔訳注：イギリスの医療制度〕）で提供されると便利だと話した。

時間をとって参加してくれたことをクライエントに感謝する。追加のサービスが必要な場合は，あらためて連絡をもらえるように伝える。

これで，本書を終わる。楽しんで読んでいただき，そして，SSI-CBT の実践が上達するきっかけになれば幸いである。よろしければ，私のウェブサイトにメール（windy@windydryden.com）を送り，あなたの経験を教えていただきたい。

### 注釈

1　私の SSI-CBT（WD）は，独立した実践の場で行われていることを知っておいてほしい。私は，正式な結果のデータを誰かに提供するような圧力は受けていない。

# 訳者あとがき

　本書は，ウィンディ・ドライデンによる *Single-Session Integrated CBT: Distinctive Features* 第 2 版の全訳である。ドライデン博士は，CBT の代表的な療法の 1 つである論理情動行動療法の専門家として長年活躍してこられた。日本で CBT が広く知られるきっかけとなった書籍の 1 つ『認知臨床心理学入門 —— 認知行動アプローチの実践的理解のために』（東京大学出版会，1996 年）の編者でもある。

　日本においてシングル・セッション・セラピー（以下，SST）に関する翻訳書は，モーシィ・タルモンによる『シングル・セッション・セラピー』（金剛出版，2001 年）に続く 2 冊目となる。実施の枠組みはもちろん，問題解決志向であること，クライエントの経験や強みなど本人に備わっているものを積極的に用いること，セラピーのプロセスはセッション終了後も続くと考えることなど両者には共通点がある。その一方で，タルモン博士は，本人の力の活用と変化の自然なプロセスの促進に重点を置き，ドライデン博士は，CBT を活用してセッションを行い，本人にとって役立つ何かを持ち帰ってもらうことを重視している。なお，SST の実践は，オーストラリア，カナダ，アメリカではおもに，利用者の利便性を重視したウォークイン・サービスで行われているが，ドライデン博士の実践は，そのようなサービスの枠内ではなく独立して行われている。また，彼は最近，自身のシングル・セッション・セラピーを "ONEplus Therapy" とも呼んでいる。

　本書の第 I 部では，CBT による SST の理論的枠組みが紹介され，第 II 部では，その実践が解説されている。SST という言葉から，通常の心理療法が回数を重ねて行っていることを，無理に 1 回でまとめて行

おうとしているのでは，との懸念が生じるかもしれないが，お読みいただけると，それは払拭されると思う。加えて，本書には，クライエントと1回だけ会えるとしたら，そこでセラピストには何ができますか，という問いかけがある。それぞれの心理専門職が働いている職場の性質や領域，求められる援助の内容，セラピストのオリエンテーション等によっては，1回だけとわかっている面接を引き受けないことが，適切な場合もあるだろう。一方で，単回や少ない回数の面接が行われているという現状もある（たとえば，学生相談やEAPによるカウンセリングのサービス等）。私自身，本書に興味をもったきっかけは，自分が行う回数の少ない面接について，その枠組みを考える際の参考にできればとの思いだった。本書は，1回だけの面接が最善だと主張しているのではなく，その後，継続的な面接が提供される可能性も残したうえで，その1回の機会をどう活かすのかという課題に向き合っている。そしてまた，心理面接をこれ単体で存在するものではなく，社会や時間の流れの中の一場面として捉え，その役割を再考する試みにもなっている。

　現在SSTは，サービスを提供する形のことであって，定まったセラピーのやり方を示すものではないと理解されている。本書でドライデン博士も，これは自分の実践をもとにしたやり方であると強調し，SSTを行う臨床家は自身のフォーマットを開発することになると述べる。読者には，本書の視点をご自分の実践に活かしていただくことができるが，それとともに，支援のあり方について，また，クライエントのニーズに応えることなどについて，あらためて考える機会も得ていただけるのではないかと思う。たんなるマニュアルのような利用にとどまらず，本書の問いかけが届くのなら幸いである。

**毛利 伊吹**

# 引 用 文 献

Armstrong, C. (2015). *The Therapeutic 'Aha!': 10 Strategies for Getting Your Clients Unstuck*. New York: W.W. Norton.

Barkham, M., Connell, J., Stiles, W. B., Miles, J. N. V., Margison, F., Evans, C., and Mellor-Clark, J. (2006). Dose-effect relations and responsive regulation of treatment duration: The good enough level. *Journal of Consulting and Clinical Psychology*, *74*, 160-167.

Barrett, M. S., Chua, W. J., Crits-Christoph, P., Connolly Gibbons, M. B., and Thompson, D. (2008). Early withdrawal from mental health treatment: Implications for psychotherapy practice. *Psychotherapy: Theory, Research, Practice, Training*, *45*, 247-267.

Batten, S. V. (2011). *Essentials of Acceptance and Commitment Therapy*. London: Sage.

Beck, A. T. (1976). *Cognitive Therapy and the Emotional Disorders*. New York: International Universities Press.（大野裕訳，1990『認知療法 —— 精神療法の新しい発展』岩崎学術出版社）

Bohart, A. C., and Wade, A. G. (2013). The client in psychotherapy. In M. J. Lambert (Ed.), *Bergin and Garfield's Handbook of Psychotherapy and Behavior Change*, 6th edn (pp. 219-257). Hoboken, NJ: John Wiley & Sons, Inc.

Bordin, E. S. (1979). The generalizability of the psychoanalytic concept of the working alliance. *Psychotherapy: Theory, Research and Practice*, *16*, 252-260.

Buckingham, M., and Clifton, D. (2014). *Now, Discover Your Strengths*. London: Simon & Schuster.

Burry, P. J. (2008). *Living with 'the Gloria Films': A Daughter's Memory*. Ross-on-Wye: PCCS Books.

Cahill, J., Barkham, M., Hardy, G., Rees, A., Shapiro, D. A., Stiles, W. B., and Macaskill, N. (2003). Outcomes of patients completing and not completing cognitive therapy for depression. *British Journal of Clinical Psychology*, *42*, 133-143.

Carey, T. A., Tai, S. J., and Stiles, W. B. (2013). Effective and efficient: Using patient-led appointment scheduling in routine mental health practice in remote Australia. *Professional Psychology: Research and Practice*, *44*, 405-414.

Cooper, M., and McLeod, J. (2011). *Pluralistic Counselling and Psychotherapy*. London: Sage.

Davis III, T. E., Ollendick, T. H., and Öst, L.-G. (Eds.). (2012). *Intensive One-Session Treatment of Specific Phobias*. New York: Springer.

Dryden, W. (2009). *Understanding Emotional Problems: The REBT Perspective*. Hove, East Sussex: Routledge.

Dryden, W. (2011). *Counselling in a Nutshell*, 2nd edn. London: Sage.

Dryden, W. (2017). *Single-Session Integrated CBT (SSI-CBT): Distinctive Features*. Abingdon, Oxon: Routledge.

Dryden, W. (2018). *Very Brief Therapeutic Conversations*. Abingdon, Oxon: Routledge.

Dryden, W. (2019). *Rational Emotion Behaviour Therapy in India: Very Brief Therapy for Problems of Daily Living*. Abingdon, Oxon: Routledge.

Dryden, W. (2021a). *Windy Dryden Live!* London: Rationality Publications.

Dryden, W. (2021b). *Seven Principles of Doing Live Therapy Demonstrations*. London: Rationality Publications.

Dryden, W. (2021c). *Seven Principles of Single-Session Therapy*. London: Rationality Publications.

Dryden, W. (2021d). *Single-Session Therapy @ Onlinevents*. Sheffield: Onlinevents Publications.

Dryden, W. (2021e). *Rational Emotive Behaviour Therapy: Distinctive Features*, 3rd edn. Abingdon, Oxon: Routledge.

Dryden, W. (2022a). *Reason to Change: A Rational Emotive Behaviour Therapy Workbook*, 2nd edn. Abingdon, Oxon: Routledge.

Dryden, W. (2022b). *Understanding Emotional Problems and Their Healthy Alternatives*, 2nd edn. Abingdon, Oxon: Routledge.

Duncan, B. L., Miller, S. D., and Sparks, J. A. (2004). *The Heroic Client: A Revolutionary Way to Improve Effectiveness through Client Directed, Outcome-Informed Therapy*. San Francisco, CA: Jossey-Bass.

Eccles, J. S., and Wigfield, A. (2002). Motivational beliefs, values and goals. *Annual Review of Psychology*, *53*, 109-132.

Ellis, A. (1959). Requisite conditions for basic personality change. *Journal of Consulting Psychology*, *23*, 538-540.

Ellis, A. (1963). Toward a more precise definition of "emotional" and "intellectual" insight. *Psychological Reports*, *13*, 125-126.

Ellis, A. (2001). *Feeling Better, Getting Better, Staying Better: Profound Self-Help Therapy for Your Emotions.* Atascadero, CA: Impact Publishers.

Ellis, A., and Joffe, D. (2002). A study of volunteer clients who experienced live sessions of rational emotive behavior therapy in front of a public audience. *Journal of Rational-Emotive & Cognitive-Behavior Therapy*, *20*, 151-158.

Harris, R. (2019). *ACT Made Simple: An Easy-to-Read Primer on Acceptance and Commitment Therapy*, 2nd edn. Oakland, CA: New Harbinger Publications.

Hayes, S. C. (2004). Acceptance and commitment therapy: Relational frame theory, and the third wave of behavioural and cognitive therapies. *Behavior Therapy*, *35*, 639-665.

Hoyt, M. F. (2011). Foreword. In A. Slive and M. Bobele (Eds.), *When One Hour is All You Have: Effective Therapy for Walk-in Clients* (pp. xix-xv). Phoenix, AZ: Zeig, Tucker, & Theisen.

Hoyt, M. F., Bobele, M., Slive, A., Young, J., and Talmon, M. (Eds.). (2018). *Single-Session Therapy by Walk-in or Appointment: Administrative, Clinical, and Supervisory Aspects of One-at-a-Time Services.* New York: Routledge.

Hoyt, M. F., and Talmon, M. (Eds.). (2014a). *Capturing the Moment: Single Session Therapy and Walk-in Services.* Bethel, CT: Crown House Publishing Ltd.

Hoyt, M. F., and Talmon, M. (2014b). What the research literature says: An annotated bibliography. In M. F. Hoyt and M. Talmon (Eds.), *Capturing the Moment: Single Session Therapy and Walk-in Services* (pp. 487-516). Bethel, CT: Crown House Publishing Ltd.

Hoyt, M. F., Talmon, M., and Rosenbaum, R. (1990). *Sixty Attempts for Planned Single-Session Therapy.* Unpublished paper.

Hoyt, M. F., Young, J., and Rycroft, P. (2020). Single session thinking 2020. *Australian and New Zealand Journal of Family Therapy*, *41*, 218-230.

Hoyt, M. F., Young, J., and Rycroft, P. (2021). (Eds.). *Single Session Thinking and Practice in Global, Cultural and Familial Contexts: Expanding Applications.* New York: Routledge.

Jenkins, P. (2020). Single-session formulation: An alternative to the waiting list. *University and College Counselling*, *8*(4), 20-25.

Jones-Smith, E. (2014). *Strengths-Based Therapy: Connecting Theory, Practice and Skills.* Thousand Oaks, CA: Sage Publications.

Keller, G., and Papasan, J. (2012). *The One Thing: The Surprisingly Simple Truth Behind*

*Extraordinary Results*. Austin, TX: Bard Press.

Kellogg, S. (2015). *Transformational Chairwork: Using Psychotherapeutic Dialogues in Clinical Practice*. Lanham, MD: Rowman & Littlefield.

Kelly, G. A. (1955). *The Psychology of Personal Constructs. Volumes 1 and 2*. New York: W. W. Norton.

Lazarus, A. A. (1993). Tailoring the therapeutic relationship, or being an authentic chameleon. *Psychotherapy: Theory, Research, Practice, Training, 30,* 404-407.

Lemma, A. (2000). *Humour on the Couch: Exploring Humour in Psychotherapy and in Everyday Life*. London: Whurr.

Lewin, K. (1951). *Field Theory in Social Science: Selected Theoretical Papers* (D. Cartwright, Ed.). New York: Harper & Row. (猪股佐登留訳, 2020 『社会科学における場の理論』 ちとせプレス)

Maluccio, A. N. (1979). *Learning from Clients: Interpersonal Helping as Viewed by Clients and Social Workers*. New York: Free Press.

Miller, W. R., and C'de Baca, J. (2001). *Quantum Change: When Epiphanies and Sudden Insights Transform Ordinary Lives*. New York: Guilford.

Padesky, C. A., and Mooney, K. A. (2012). Strengths-based cognitive-behavioral therapy: A four-step model to build resilience. *Clinical Psychology and Psychotherapy, 19,* 283-290.

Pashler, H., McDaniel, M., Rohrer, D., and Bjork, R. (2008). Learning styles: Concepts and evidence. *Psychological Science in the Public Interest, 9,* 105-119.

Persons, J. B., Burns, D. D., and Perloff, J. M. (1988). Predictors of dropout and outcome in cognitive therapy for depression in a private practice setting. *Cognitive Therapy and Research, 12,* 557-575.

Ratner, H., George, E., and Iveson, C. (2012). *Solution Focused Brief Therapy: 100 Key Points and Techniques*. Hove, East Sussex: Routledge.

Reinecke, A., Waldenmaier, L., Cooper, M. J., and Harmer, C. J. (2013). Changes in automatic threat processing precede and predict clinical changes with exposure-based cognitive-behavior therapy for panic disorder. *Biological Psychiatry, 73,* 1064-1070.

Rogers, C. R. (1957). The necessary and sufficient conditions of therapeutic personality change. *Journal of Consulting Psychology, 21,* 95-103.

Rosenthal, R., and Jacobson, L. (1968). *Pygmalion in the Classroom*. New York: Holt, Rinehart & Winston.

Safran, J. D., Segal, Z. V., Vallis, T. M., Shaw, B. F., and Samstag, L. W. (1993). Assessing patient suitability for short-term cognitive therapy with an interpersonal focus. *Cognitive Therapy and Research, 17*, 23-38.

Salkovskis, P. M., Clark, D. M., Hackmann, A., Wells, A., and Gelder, M. G. (1999). An experimental investigation of the role of safety-seeking behaviours in the maintenance of panic disorder with agoraphobia. *Behaviour Research and Therapy, 37*, 559-574.

Simon, G. E., Imel, Z. E., Ludman, E. J., and Steinfeld, B. J. (2012). Is dropout after a first psychotherapy visit always a bad outcome? *Psychiatric Services, 63*(7), 705-707.

Slive, A., and Bobele, M. (Eds.). (2011). *When One Hour is All You Have: Effective Therapy for Walk-in Clients*. Phoenix, AZ: Zeig, Tucker & Theisen.

Slive, A., McElheran, N., and Lawson, A. (2008). How brief does it get? Walk-in single session therapy. *Journal of Systemic Therapies, 27*, 5-22.

Talmon, M. (1990). *Single Session Therapy: Maximizing the Effect of the First (and Often Only) Therapeutic Encounter*. San Francisco, CA: Jossey-Bass.（青木安輝訳，2001『シングル・セッション・セラピー』金剛出版）

Wegner, D. M. (1989). *White Bears and Other Unwanted Thoughts: Suppression, Obsession, and the Psychology of Mental Control*. New York: Viking/Penguin.

Weir, S., Wills, M., Young, J., and Perlesz, A. (2008). *The Implementation of Single-Session Work in Community Health*. Brunswick, Victoria, Australia: The Bouverie Centre, La Trobe University.

Westmacott, R., Hunsley, J., Best, M., Rumstein-McKean, O., and Schindler, D. (2010). Client and therapist views of contextual factors related to termination from psychotherapy: A comparison between unilateral and mutual terminators. *Psychotherapy Research, 20*, 423-435.

Young, J. (2018). Single-Session Therapy: The misunderstood gift that keeps on giving. In M. F. Hoyt, M. Bobele, A. Slive, J. Young, and M. Talmon (Eds.), *Single-Session Therapy by Walk-in or Appointment: Administrative, Clinical, and Supervisory Aspects of One-at-a-Time Services* (pp. 40-58). New York: Routledge.

Zvolensky, M. J., Bernstein, A., and Vujanovic, A. A. (Eds.). (2011). *Distress Tolerance: Theory, Research, and Clinical Applications*. New York: Guilford.

# 事 項 索 引

# 人名索引

i

訳者紹介

もう り　い ぶき
**毛利 伊吹**

2002 年，東京大学大学院総合文化研究科博士課程修了。博士
　（学術）
現在，上智大学総合人間科学部心理学科准教授。
主要著作・論文：『高齢者のマインドフルネス認知療法——
　うつ，緩和ケア，介護者のストレス低減など』（分担執筆，
　誠信書房，2018 年），『女性のこころの臨床を学ぶ・語る
　——心理支援職のための「小夜会」連続講義』（分担執筆，
　金剛出版，2022 年），『こころの支援に携わる人のためのソ
　クラテス式質問法——認知行動療法の考え方・進め方を学
　ぶ』（監訳，金子書房，2022 年）など。

# CBT によるシングル・セッション・セラピー入門

2023 年 9 月 10 日　第 1 刷発行

| | |
|---|---|
| 著　者 | ウィンディ・ドライデン |
| 訳　者 | 毛利 伊吹 |
| 発行者 | 櫻 井 堂 雄 |
| 発行所 | 株式会社ちとせプレス |
| | 〒 157-0062 |
| | 東京都世田谷区南烏山 5-20-9-203 |
| | 電話　03-4285-0214 |
| | http://chitosepress.com |
| 装　幀 | 山 影 麻 奈 |
| 印刷・製本 | 大日本法令印刷株式会社 |